リーダーの本当の仕事とは何か

TouchPoints

Creating Powerful Leadership Connections in the Smallest of Moments

わずかな瞬間で
相手の抱える問題を解決する
3つのステップ

ダグラス・コナン
Douglas R. Conant
メッテ・ノルガード
Mette Norgaard
有賀裕子訳

ダイヤモンド社

TOUCHPOINTS

by

Douglas Conant and Mette Norgaard

This translation published under license.
Japanese translation rights arranged with John Wiley & Sons International Rights, Inc., New Jersey through Tuttle - Mori Agency, Inc., Tokyo

編者の言葉

ウォレン・ベニス

最近では、本当の意味で任務をまっとうできるリーダー、つまり、この比類ない本でダグラス・コナンとメッテ・ノルガードが描いているような、「厳しさ」と「優しさ」を兼ね備えたリーダーはほとんど見かけないように思う。それでも、こうした人物が皆無というわけではない。手本や激励、導きがあれば、非常に多くの人々が、融通が利いて理解しやすく、何より、成果につながるリーダーシップ手法を身につけられるのだ。

ダグラス・コナンは「リーダーの鑑」である。彼がＣＥＯ（最高経営責任者）を務めるたや、世界的なブランド企業キャンベルスープは、最近の大企業の共通課題に直面してきた。かたや、メッテ・ノルガードは「リーダーの指南役」である。コナンほかキャンベルの経営陣との仕事、それ以外のコンサルティング活動の両方に寄与してきた。この二人が力を合わせて書き上げた本書は、真のリーダーが日々取っている行動の真髄を解き明かしたものだ。

真のリーダーは、人々とのあいだでチャンス溢れる触れ合いを数多く重ねることによって、仕事を前に進めていく。こうした発想はシンプルであると同時に奥深いものだ。気を配ろう、自分を知ろう、「どうすれば力になれるだろうか？」とさりげなく言葉に出そうという意志のある人には、どれほどの機会があるだろうか。こう考えてみれば、チャンスとそれをつかむための努力がいかに大きいかがわかるだろう。

こうした発想は「シンプル」かもしれないが、簡単かというと、そうではない。実践するには、人間性、正しい行ないをしようという思い、献身意欲、「毎日、毎週、毎月、毎年、鍛錬を積み重ねていこう」という意志が深いレベルで求められる。筆者たちのタッチポイント手法の魅力は、とても理に叶っていて、しかも実績が折紙つきだという点だ！この手法は、現状には進歩の余地があるから、それを逃さないようにすればよいのだと、わたしたちに教えてくれる。これを肝に銘じてリーダー役を務めれば、リーダーシップの本質へと辿りつける。

次に浮かぶのは当然ながら、「これをどううまく成し遂げるか」という問いである。これについて筆者たちは、専門家として読者を導いてくれる。コナンはこの一〇年、キャンベルを率いながら、タッチポイント手法がしだいに鮮やかな効果をあげる様子を身をもって示してきた。彼がこの本で披露するのはこのうえなく貴重な逸話である。この本には、あらゆる種類のリーダーと一緒に仕事をしてきたノルガードの経験も活かされており、世界中のさまざまな職種の人々がこの手法をうまく使いこなす姿を描き出している。
わたしは、リーダーシップについて考え、ペンを執り、このテーマを突き詰めようとしてきた者として、本書に心を打たれた。「リーダーシップで大切なのは、自分ではなく相手なのだ、リーダーシップは信じられないほどのしなやかさと、とめどないしたたかさを併せ持つものだ」という気づきを与えてくれる。つまるところ、「どうすれば突破口を開けるか」を知る手助けをしてくれるのだ。わたしたちが取り組むこの仕事は、途方もないものである。力のかぎりを尽し、優れた成果をあげるのは、ひときわ困難な挑戦だろう。だが素晴らしいことに、本気になりさえすればいつでも、これを学び身につける新たな機会が訪れる。筆者たちは、どこから手をつければよいかわからなくなったら「どうすれば力になれるだろうか?」と胸に手を当てるように、と説いている。この言葉を心に刻んでいただきたい。

二〇一一年二月
カリフォルニア州サンタモニカにて

＊編集部注　本書はリーダーシップ研究の第一人者であるウォレン・ベニス教授を編者に迎え、ジョシー＝バス社が刊行する「ウォレン・ベニス・ブック」シリーズの一冊です。

本書に寄せて

ラム・チャラン

リーダーシップは幅広い概念である。組織の上から下まですべてのリーダーにとってはある意味、自分をよく知り、意識を研ぎ澄ますことが求められる。リーダーは、おそらく他のすべてに増して、「ものごとを前に進めるには何を実現しなくてはならないか」を理解しておくことが大切だろう。

ところが、わたしがこれまで出会ったリーダーの多くは、基本中の基本を押えていない。一日のうちに生じる「中断」や「割り込み」は、たとえそれが計画外のものであっても、問題に関与して本物のリーダーシップを発揮する好機なのだが、そのことがわかっていないのだ。

ダグラス・コナンとメッテ・ノルガードはこれを十分に理解していて、中断や割り込みを最大限に活かす、実績ある手法のエッセンスを抜き出した。二人は、三つの主なステップを踏むようリーダーに指南している。まずは、人々の話をじっくり聞いて何が問題なのかをあぶり出す。次に、それをもとに状況の大枠をつかむ。そして、状況を前へ進めるために会話を膨らませる。この「聞く、大枠をつかむ、前へ進む」というタッチポイントの三つのステップは、誰もが実地に移し、成果へとつなげることができる。

ありとあらゆるタイプや分野のリーダーと一緒に仕事をしてきたわたしの経験からは、タッチポイント手法の最大の魅力は実効性にある。難解きわまりない学術理論とは一線を画している。コナンがキャンベル入りしたときから練り上げてきたこの手法は、おびただしい果実を生んできた。これによってキャンベルは、社内から偉大なるリーダーを輩出する術にかけて、世界レベルの企業へと躍進したのだ。この人材の厚みこそ、間違いなく、CEOの力で培うことのできる最も貴重なものである。

一群のリーダーたちが社内の模範となり、その行動様式が会社の仕組みの一部となる。これがうまく根を下せば、パッとしない印象の組織をも、卓越した組織へと飛躍させる力になりえる。ただし、実際に試みた人なら誰でも知っているとおり、スイッチひとつで卓越した組織へ早変わりするほど話は単純ではない。リーダーが腰を上げて実行を担う必要があるのだ。途中で躓くことも少なくないだろうが、そんなときこそ本書が出番を迎え、きっと真骨頂を示すはずである。

コナンとノルガードはどちらも、わたしにとって長年の知り合いである。この二人が力を合わせて素晴らしい仕事を成し遂げたのだから、嬉しいかぎりだ。彼らは文字どおり知的なチームとして、強みを補い合っている。そして五年の歳月を費やして、本書に記されたアイデアを幅広い読者に役立つよう練り上げたのだから、称賛すべきだろう。

もはや遠い昔になってしまったが、わたしは光栄にも、大学院でコナンを指導する機会を得たことがある。彼は当時も今も、「ツボにはまって本当の効き目を発揮するものは何か」を熱心に、それでいて慎重に見極めようとする。現在ではわたしのほうが、数々の困難を乗り越えてきた経営実務家の彼から教えを受けている。

わたしにははっきりわかるのだが、この本をとおしてコナンとノルガードは「成果を高める」助けをしているだけではない。『リーダーの本当の仕事とは何か』はリーダーシップをめぐる議論を大きく前進させるものなのだ。わたしたち全員がこれに感謝すべきだろう。

二〇一一年二月

リーダーの本当の仕事とは何か
――わずかな瞬間で相手の抱える問題を解決する3つのステップ

■目次

編者の言葉　i

本書に寄せて　v

はじめに――リーダーシップに命を吹き込む方法……1

なぜこの本を書いたのか　3

大いなる変化は、経験の積み重ねから生まれる　7

第1章　仕事への「割り込み」を新たな視点から見る――タッチポイントとは何か――……9

タッチポイントを生み出す三つの要素　12

自分のテーマ、相手のテーマ、みんなのテーマ　15

タッチポイントが秘める可能性　19
タッチポイントの波及効果は絶大　22
テーマには厳しく、人には優しく　25
あなたに適した姿勢とは？　30
まとめ　36

第2章　明日もっとうまくやれることが、ひとつあればよい……………39
――進歩への誓い――

進歩を阻むもの　42
進歩のための時間をつくる　44
進歩の基本　47
目標を達成できない理由　52
進歩度合いを確かめる　58
自分との約束　59
まとめ　61

第3章　自分流のリーダーシップ・モデルをつくる……65
——知恵を働かせる——
リーダーシップ・モデルが行動の指針となる　68
世の中に溢れるリーダーシップ・モデル　70
キャンベルのリーダーシップ・モデル　71
探求への誓い　76
一貫性と柔軟性を兼ね備える　90
まとめ　91

第4章　仕事に感情を交えるのが、本当に勇気ある行動だ……95
——ハートを活かす——
頭とハートの両方を活かして人々を率いる　96
ハートをめぐる問いに答える　100
まとめ　118

第5章 自分を鍛えるにはどうしたらよいか——限界まで追い込む—— 121
鍛錬の力 123
理解を共有する 125
話を聞くことによってリーダーシップを発揮する 131
話し合いで足りないところを補う 140
有利にことを運ぶ 148
まとめ 151

第6章 リーダーシップで大切なのは、自分ではなく相手だ——タッチポイントの3つのステップ—— 153
魔法の言葉——どうすれば力になれますか？ 154
タッチポイントの三角形 156
フォローアップ——「どうなりましたか？」 168
効果的なタッチポイントの四つのA 169

明日、もっと進歩するには？ 176
まとめ 179
終わりに 183
推薦文献 185
謝辞 187
著者紹介 191
訳者あとがき 197

はじめに――リーダーシップに命を吹き込む方法

コナンがキャンベルのCEO職を引き継いだのは二〇〇一年である。折しも株価はS&P500種構成銘柄のなかで低迷し、崩落と言ってよいほどだった。中核事業は目を覆うようなありさまで組織はガタガタ。世界の大手食品会社のなかでどん尻の業績だった。新任CEOのコナンは、赤字の垂れ流しにストップをかけ、混乱を収拾し、経営を立て直す使命を帯びていた。

これはイバラの道だった。社員はあらゆる面で打ちのめされ消耗しきっていた。コナンを含むほぼ全員が日々、難しい局面に遭遇していたのだ。幻滅した消費者、怒り心頭の顧客、苛立つ同僚、「知ったことか」といった様子の納入業者……。困難続きのうえに、面白くない思いをするのもしばしばだった。さらに悪いことに、以上のような状況に対処するための仕組みがほとんど機能していなかった。人々は疲れ、「十分に評価されていない」と感じ、被害者意識にさいなまれていた。

しかしコナンは、キャンベルに転じたときにはすでに、食品業界における起死回生の立役者として誉れ高かった。ナビスコの社長時代には、業績の冴えなかった大事業部の売上高、利益、市場シェアを五年連続で伸ばしたのだ。その秘訣は何だろうか。コナンは、「要求水準では妥協しないが、人々には思いやりを持って接する」という信条をよりどころに、ナビスコの経営を再建したのである。

本人の弁はこうだ。「わたしのやり方を、からかい混じりに『少女のような優しさと猛者のような厳しさを足して二で割ったようだ』と評する人もいました。……ですが、わたしは悪びれたりはしません。社内のみんなは熱心に仕事に取り組み、素晴らしい成果をあげていました。五年連続での二桁増益を果たしましたしね。それでも業績が悪いというなら、いつでもその言葉を甘んじて受け入れましょう」

コナンはキャンベルでも同じような手腕を発揮できたのだろうか?

答えは、きっぱり「イエス」である! 二〇〇九年時点でキャンベルの株価パフォーマンスは、S&P500食品株指数とS&P500の両方を凌いでいた。売上高と利益が右肩上がりを示し、主力事業が波に乗り、社員は仕事に打ち込んでいた。「働き手の多様性《ダイバーシティ》や参加度の面で前進している」という評価を高め、アメリカ企業を対象とした社会的責任ランキングでも上位一〇傑に名前を連ねた。コナンは配下のチームとともに並外れた功績をあげたのだ。

コナンらは、キャンベルのビジョンを発展させた。その際には、成功への戦略フレームワークに焦点を当てながら、①社員を大切にする姿勢を具体的に示す前向きな触れ合いの積み重ね、②世界に通用する高い要求水準を打ち立てるための厳しいやりとりの積み重ね、③周囲のリーダーを育てるための指導の積み重ねを利用した。コナン、彼のチーム、そして後には二万人の社員がキャンベルの再生に向けて触れ合いを活かした。もっとも、これを「タッチポイント」と呼ぶようになったのは、後にコナンとノルガードがこの本の執筆に取りかかってからである。

なぜこの本を書いたのか

リーダーは難しい立場に置かれている。常に目標以上の成果をあげなくてはいけない。安定して高い成果を示すには、今すぐ判断を下して人々の力を結集できるよう、備えがなくてはいけない。顧客、取締役会、小売店、社員などをめぐる課題が山積しているから、いつでも時間が足りない状態である。電話がうまくつながらない、生産ラインが止まってしまった、PDA（携帯情報端末）が動かない、誰かのピンチヒッターを急遽務めなくてはならない、あちらこちらを飛び回ってばかり……。

毎日がてんてこ舞いだ。時間が矢のように過ぎていくが、説明責任は待ったなしで果たさなくてはならない。たったひとつの「うっかりシーン」がユーチューブに投稿されて、その日のうちに世界を駆けめぐってしまう。何にも邪魔されない時間は日に平均四分もあれば上々。そんななか、何かひとつでも仕事を仕上げるにはどうすればよいのだろう？

わたしたちはある朝、日々の狂騒を逃れてポコノ山脈のスカイトップ・ロッジにこもり、以上のような問いを互いに投げかけた。将来を嘱望される精鋭リーダーを対象とした二年間の能力育成コース、キャンベルＣＥＯインスティチュートの最終日のことである。

わたしたち二人はこの数年前、コナンがナビスコに在籍し、ノルガードがユタ州にあるコヴィー・リーダーシップ・センターで経営幹部養成コースを率いていた当時に知り合った。そして何年かの空白の後、ノルガードがリーダーシップ関連書籍を執筆するためにコナンにインタビューを行ない、旧交を温めた。これがきっかけでＣＥＯインスティチュートでの協働が実現したのだ。

ポコノ山脈での朝、わたしたちの心には、前夜の焚き火を前にした瞑想から得たエネルギーがなおも張っていた。前夜、ＣＥＯインスティチュートの参加者たちは焚き火を囲んで静かに座り、自分のリーダーシップ・スタイルを振り返って、ひらめいた中身を日誌に書きとめていた。ノルガードは、ほどなく静かなポコノに別れを告げて「現実」世界へ戻らなくてはならないとわかっていたから、「絶え間なく割り込みが入る状態では疲れませんか？」とコナンに問いかけた。

コナンは一瞬考えてから、「わたしは、割り込みとは考えていません。誰かと触れ合って状況を改善するチャンスなのです」と答えた。たいていの人は、仕事の場で日々生じる気の遠くなるような数のやりとりを最小限に抑えようとするが、コナンにとってはそうした触れ合い
こそが仕事なのだ。彼は、貢献者として、そしてリーダーとして自分が成功するかどうかは、結局のところ、これらにどう対処するかによって決まると考えていた。

参加者たちの輪のほうへ戻りながら、わたしたちは、ナビスコとキャンベルで目覚ましい成果につながったこのリーダーシップ観が他社でも役に立つかどうか、話し合った。もしリーダーが、緊急案件や割り込みをうるさい蚊のように邪険に扱うのをやめて、相手に影響力をおよぼす機会ととらえたらどうなるだろう？　一日のうちに続々と生じる凄まじい数のやりとりのなかで、本物のリーダーシップを発揮したらどうか？

その時々でどういった用件が持ち上がるかは予想がつかないため、リーダーは万全の備えをしておく必要がある。そして、備えをするうえでは、リーダーシップをめぐる重大な問いをじっくり考えなくてはならない。その問いとは、当時ノルガードが手がけていた著

書のテーマであり、ＣＥＯインスティチュートの講座で扱った中身でもあった。このときの会話をきっかけに、わたしたちは本書の共同執筆に乗り出したのだ。

以後の四年間にわたしたちは、リーダーが他者とどう接しているのか、想定外のやりとりも含めて、その本質を探求した。このための土台として、リーダーの鑑であるコナン、リーダーの指南役であるノルガード、二人の経験を結びつけて、人々からひっきりなしに持ち込まれる用件と向き合い、自分の影響力をもとにそれらを正しい方向へと導くには何が求められるか、理解に努めた。

考えが形になるにつれて、「タッチポイント（接点）」という呼び名が浮かび上がってきた。一日のあいだに他者と交わす多くのやりとりの一つひとつが、リーダーにとっては誰かと「接し」、影響をおよぼし、水先案内をし、モヤモヤを取り払い、発破をかけ、緊迫感を生み出し、成り行きを左右する機会になる。この様子を、タッチポイントという言葉で表そうとしたのだ。これまでにわたしたちは数え切れないほどの時間を費やして、世界中のさまざまなリーダーとともに、タッチポイントという概念を探求し、議論し、実地に活かしてきた。これはよく効く手法なのだ！

タッチポイント流リーダーシップとは、これまで以上のペースで疾走するとか、長い時間働くとか、一瞬たりとも無駄にせずに生産性を上げよう、というものではない。その時々の状況を直視して、「何が起きてもうまく対処して、相手、ひいては自分や組織を助けられる」という自信を培うのが、タッチポイント流リーダーシップである。これは、あなたに馴染んだリーダーシップ・モデルに取って代わるものではなく、むしろ、それらにエネルギーを吹き込むものだ。変化の波に洗われる最近の組織の要請にぴったりな仕事のやり方を提示するのである。

大いなる変化は、経験の積み重ねから生まれる

あなたはなぜこの本を読んでいるのだろうか？　リーダーとしての経験を持ち、仕事の腕をさらに磨くためにアイデアを探しているのだろうか？　新米リーダーとして、最大限に進歩するための助言を求めているのだろうか？　リーダーの地位を目指していて、リーダーの立場はどういうものか、本当のところを知りたいのだろうか？

あなたの現在の立場や目的が何であろうと、この本に記したアイデアは、仕事中に次々と割り込みが生じる今の時代に、仕事の成果と効率をともに高めるための準備に役立つはずだ。ほんのちょっとした瞬間をとらえてリーダーシップを発揮する助けとなるだろう。

第1章ではタッチポイントとは何かを説明する。第2章では、タッチポイント手法の習

熟に向けた関与をテーマとする。以後の四つの章では、今すぐ、いや、次に誰かと接する際にタッチポイント手法を活用してリーダーとして向上していくための、実用的な情報とアイデアを紹介していく。どの章でも、実在のリーダーが登場する実話をとおしてこの手法の威力を伝える。

経験を振り返ってそこから学ぶのは誰にとっても重要である。リーダーともなれば、判断や行動が大勢の身の上を左右し、重大な結果を引き起こすのだから、なおさらだ。この本ではここかしこにいくつもの問いを設けてある。あなた自身の状況に当てはめながらタッチポイントの概念について考えるうえで、それらの問いが役立つだろう。

ぜひ、この本のアイデアや問いを活かして、習熟に向けて力を伸ばしていただきたい。そうすれば、誰かと接するたびに、その機会をとらえてリーダーシップを発揮する術に長けていくだろう。経験を積み重ねていくと、やがて、大いなる変化が起きるはずだ。プロジェクトやチーム、いやそれどころか、フォーチュン500に名前を連ねる企業をも再生できるだろう。

さあ、始めよう。

第1章

仕事への「割り込み」を新たな視点から見る

——タッチポイントとは何か——

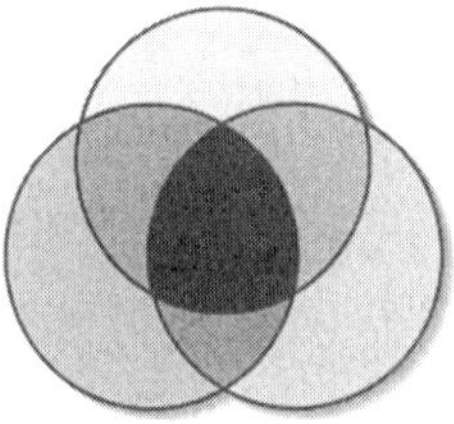

今は午後三時半。あなたはオフィスにこもり、部門と自分の将来を左右する重要なプロジェクトの提案書を仕上げるために、時間をひねり出そうとしている。そこへ、難題への助言を求めて部下の一人がやってきた。

さて、どう対応するだろうか？　割り込みへの苛立ちを抑えられず、後から出直すよう告げるだろうか？　それとも、手を休めてすぐに相手に助け舟を出すだろうか？　決めるのはあなたである。

リーダーは来る日も来る日も、朝から晩まで判断を繰り返している。「来訪者」は後を絶たないはずだ。電話、会議、電子メール、携帯メール、回答しなくてはならない質問、対処すべき懸念、解決すべき課題、収拾すべきゴタゴタ……。大きな課題と小さな課題、予定していた会議と突発的な会議など、四方八方から矢継ぎ早に用事が飛び込んでくる。すべての情報が揃わない状況でも判断を下さなくてはいけない。それも、今すぐにである。仕事量は増えていき、一つひとつの課題にかけられる時間は減っていく。時として、情報化時代が〝割り込み〟時代へ早変わりしたように感じられる。

だが、一歩下がって、次々と生じるやりとりを新たな視点から眺めたらどうだろう？　仕事を遮るものとしてではなく、リーダーシップを発揮するチャンスととらえてはどうだろう？　今のような慌しい世の中におけるリーダーシップの解がここにあるなら？

筆者たちの経験では、仕事への割り込みはまさにこのような性質のものである。人々と接する数多くの機会はどれもみな、その日の最高の瞬間にも最悪の瞬間にもなりえる。高い業績を予想したり、テーマを明確にして議論を活気づけたり、ものごとの成り行きを左右したりする機会である。何気ない瞬間をタッチポイントへと変えるチャンスである。

問題に対処して何かを成し遂げるために二人以上が集まると、いつでもタッチポイントが生まれる。同僚どうしの気楽な会話も、話題が目の前の契約に移ったら、タッチポイントへと早変わりする。部下とのメールのやりとりも、相手が生産の遅れについて書いてきたら、そのときからタッチポイントになる。午後の会議の前のおしゃべりも、最後の一人が姿を現して誰かが「全員揃いましたから、始めましょう」と声をかければ、タッチポイントになる。

事実、毎日がタッチポイントの複雑な積み重ねによって成り立っている。相手は一人か二人、あるいはそれ以上、長さは数分間、数時間、あるいは数日間におよぶ。これらタッチポイントは、計画したもの、自然発生したもの、ざっくばらんなもの、慎重にお膳立てしたものなど、まちまちだ。廊下、工場内、会議室など場所が多様なら、電話、メール、インスタント・メッセージなど、手段も多様である。テーマも、簡単で比較的小さいものから、幅広い影響を持つ込み入ったものまである。

残念ながら、リーダーは往々にしてこうしたやりとりを、戦略立案、プランニング、優先順位づけなど、本来の「大切な」仕事への割り込みと見なす。しかし、筆者たちの経験では、こうしたタッチポイントこそが本当の意味での仕事である。戦略や優先順位に息吹を与える瞬間であり、アイデアを新しい、よりよい行動へとつなげるための触れ合いなのである。そう、あなたが、たとえどれほどささやかなものであっても、こうしたタッチポイントに目を留めて際立たせ、心からそれに関わるなら――。

タッチポイントを生み出す三つの要素

個々のタッチポイントにはさまざまな違いがあるが、どれもみな、テーマ、相手、リーダーという三つの要素から成り立つ点では共通している。

テーマとは、問いや問題、あるいは個人、チーム、事業部、会社全体の業績を左右する判断など、大切なものである。あなたのもとには、いたるところから凄まじい勢いでこうしたテーマが押し寄せてくる。多くの場合、たとえ必要な情報すべてが揃っていなくても、すみやかに判断を下さなくてはいけない。

テーマには、顧客の苦情への対処を決める、社員に複数分野研修《クロス・トレーニング》を実施する、必須のメ

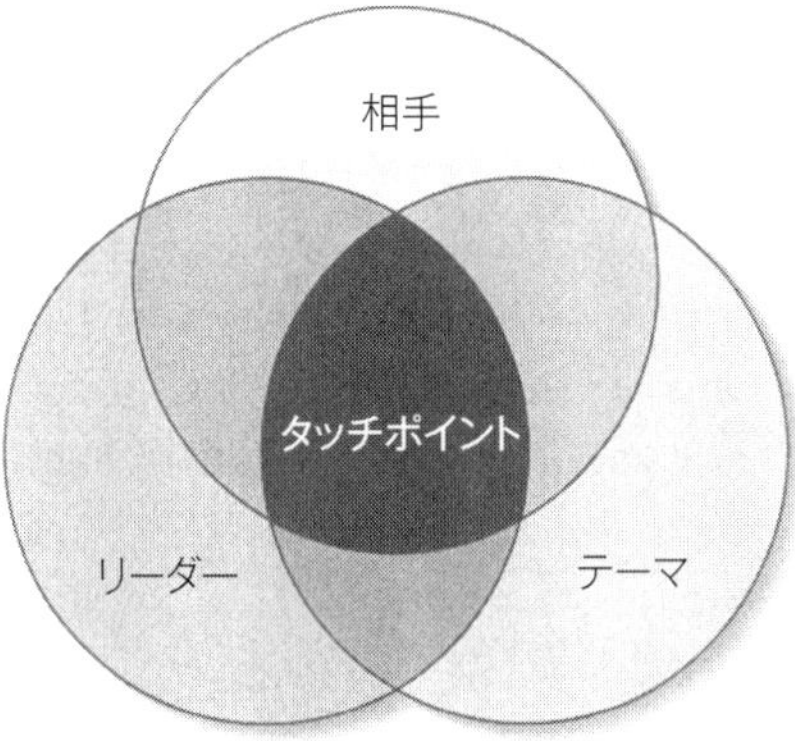

タッチポイントの３つの要素

ンバーが出席できるように会議のスケジュールを変更する、予算が削減されたプロジェクトのヒトやモノを確保する、チームの柱が突然抜けた後の人材を手当てする、などがあるだろう。人脈づくりさえもテーマになりえる。実のところ、少なからぬリーダーが、人々と良好なつながりを築くためだけに、短時間の触れ合いを数多く重ねている。こうしておくと、難しい選択を迫られたときにも、相手を尊重する姿勢が伝わり、自分の意図に信頼を置いてもらえるのだ。

相手とは、問題となっているテーマに利害関係を持つ人々である。この本では、あなたの直接・間接の部下、同僚、直接あるいは斜めの報告・命令関係にある人々など、社内の関係者に対象を絞っている。

最近の職場は、さまざまな分野や職種の人材が入り混じっているうえに国際色豊かであるため、判断のモノサシや理念は人それぞれである。つまり、時間を守る、品質を確保する、敬意を示す、義理がたいといったことの意味が、えてして異なった前提のもとでとらえられるのだ。このため、ある人のやる気を高める行動が、別の人のやる気を完全に失わせるかもしれず、あなたには気づきや理解が求められる。

リーダーは、相手との触れ合いにささやかな魔法をかける役目を果たす。タッチポイントで主導的な役割を担う際に肝心なのは、肩書きや地位うんぬんではなく、行動パターンである。リーダーは相手の話にじっと耳を傾け、テーマの輪郭をつかむ手助けをし、緊迫感をもたらし、次のステップへの自信を持たせる。もしその場にいる全員のなかで最も高いポストにいるなら、この責任を負うのはあなたである。もっとも、多くの状況では、「相手を導き伸ばす機会として触れ合いを活かしたい」という思いが自然と湧いてくるだろう。

タッチポイントで主導権を握るには、二つの視点が欠かせない。最も切迫したニーズに対処できなくてはならず、しかもその対処をとおして相手の能力を高め、次のテーマに挑戦できるようにする必要があるのだ。言葉を換えるなら、今のニーズに照準を合わせながら、次をも意識しておかなくてはいけないのである。

自分のテーマ、相手のテーマ、みんなのテーマ

もちろん、すべてのテーマが直接あなたの肩にのしかかってくるわけではない。だからこそ、タッチポイントではできるだけ早く、そのときのテーマが「自分のもの」「相手のもの」「みんなのもの」のどれかを、話の中身から判断しよう。自分のテーマなら判断を示せばよい。相手のテーマなら、彼らができるかぎり適切な判断を下して前進に備えられるよう、手を差し伸べよう。みんなのテーマなら、自分も責任を分かち合おう。

自分のテーマに対処する――問題に先手を打つ

デイヴィッドはタッチポイントの威力を心の底から理解している。彼は以前、P&Gの工場長として五〇〇人から一〇〇〇人が働く施設をいくつも統括していたことがあり、当時は工場内をくまなく歩き回るのを日課にしていた。毎週、四組のシフトの全員と顔を合わせるようにしていた。自分のテーマをいくつか片づけるのも、工場めぐりの目的のひとつだった。

「毎日工場をひとめぐりして、一時間に五〇〇人から一〇〇〇人と接していました。ポケット

にはいつも、一〇～一二の案件を書きとめた小さな紙切れを入れていたのです。最新の安全状況を確かめたり、授賞の知らせをみんなに届けたり、中身はまちまちでした」

デイヴィッドの経験では、工場長にとって最大の失敗は、目が回るほど忙しくなって構内めぐりをやめてしまうことだという。机に噛りついていればそれだけ多くの仕事がこなせると考えるのだろうが、事実はまったく逆である。デイヴィッドは言う。「工場めぐりをしていると、一分間で驚くほどたくさんの仕事をこなせるのです。ちょっとした最新報告を受け、現場の活気を感じ取り、ゴミを拾って模範を示し、防音保護具をつけるよう作業者に注意するなどですね。みんなが忙しそうだったら、手を振ってあいさつするだけでもよいのです」

工場めぐりは、デイヴィッドが自分のテーマに取り組む機会であるばかりか、みんなが彼に相談を持ちかけるチャンスでもあった。「同僚のご主人が入院しまして……」と、しばらく一緒に歩きながら話しかけてくる工員がいるかもしれない。目の前にやってきて、心配事を訴える者もいるかもしれない。このように、自分のテーマを片づけるために出発した工場めぐりが、誰かのテーマ解決を助ける機会に早変わりすることもあった。

この種の工場めぐりには、問題に先手を打つためのタッチポイントを何十も生み出すという、素晴らしい効用がある。テーマを早め早めに察知し、自分と接する機会をみんなにもたらし、職場の雰囲気づくりをして、いくつもの問題を芽のうちに摘み取れるのだ。触れ合いの時間を設けることによって、不要な割り込みが避けられる。

相手のテーマに対処する――まず、一人ひとりの考えを聞く

リーダーの多くは、直属の部下のテーマを当人に任せておくことができない。「仕事を必ずやりとげる」という信頼を勝ち取って昇進したようなリーダーにとっては、これはとりわけ大きな鬼門である。ナンシーもそんな一人だった。彼女はかつて全国規模の顧客を担当するチームの責任者を務め、いつも頼りにされていた。顧客に問題が持ち上がると、あらゆる手を尽くしてすみやかに解決した！　指揮命令の形式にはこだわらず、解決への手腕を持った人物のもとへ直行するのだった。

ところがナンシーは、副社長《バイス・プレジデント》に昇進してからも部下の仕事に細かく口を挟んだ。リーダーたちを束ねる立場になったのだから、もはや個々の問題の解決に自分で乗り出すべきではないのに、そのことを一向に思い起こさなかった。新しい任務は、部下が解決法を見つけ出せるよう手助けすることだったはずなのだが。

ナンシーは、自分で動きたくなる気持ちを抑えるために、タッチポイントを活かすささやかな習慣を設けた。チームが問題と向き合っているときは、まず職場をひとめぐりして、

一人ひとりの部下に「何をすべきだと思う？」と問いかけたのだ。自分の意見を伝えるのはその後である。「慣れるまでは大変でした。自分は何もしなくていいのかと、不安だったのです。それでもすぐに、部下たちが以前とは見違えるほど進歩したので、充実感が湧いてきました。近ごろでは、みんながグンと力を伸ばすのを見て、心を躍らせています。実際、本当に素晴らしいチームになりました」

ナンシーは、目の前の仕事を成し遂げるだけでは足りないのだと悟った。リーダーである以上はそれに加えて、次回はさらに優れた成果をあげられるよう、一人ひとりの部下とチーム全体を育成する必要があるのだ。

みんなのテーマに対処する――リーダーも責任を負う

リーダーがみんなといっしょにテーマに責任を負う場合もある。たとえば、広報担当の上級副社長ジェリーは、新任ディレクターのキムに仕事の実情を飲み込ませる必要があった。

ニュージャージー州キャムデン市では、子供の肥満と飢えを一〇年で半減させる目標を掲げ、その責任者になったのがキムである。ジェリーはこう語る。「金曜日に、キムと他の三人の部下を連れて、三時間ほどかけて市内を視察しました。保育所、小学校、市民公園などの関係先を訪れたのです。とても清々しい朝でした。何より、わたしたちの取り組みが必要とされていて、実行も可能なのだとキムが納得してくれたのが、大きな成果です」

キムが仕事の実情をつかむことは、キムとジェリーに共通のテーマだった。ジェリーはキムを視察に連れ出すことで、市の現状を目の当たりにさせ、人脈を築く絶好のチャンスをも提供した。これでキムは、新しい任務に幸先のよいスタートを切れるだろう。

タッチポイントが秘める可能性

タッチポイントはどれもみな可能性の泉であり、人間関係がうまくいくかどうかをも左右する。ちょっとした触れ合いでさえ、自分とその将来、あるいはリーダーについての考えを変えるきっかけになりえる。

こうした経験を今日まで糧としてきた人もいる。コナンは大学院時代、とても厳格な教授に指導を受けた。あるとき、生半可なまま課題を提出したところ、その教授からたったひと言、「君ならもっとよい成果を出せるはずだ」と告げられた。

「『君ならもっとよい成果を出せるはずだ』。それだけです。もちろん、図星でした。あの一回の注意でわたしは心を入れ替えました」。コナンは今、十分な成果をあげていない部下に評価を伝える際、悪い点を指摘するのではなく、具体的な改善を求めるよう心がけている。自身がそうであったように、「君ならもっとよい成果を出せるはずだ」というひと言が多くの場合、相手に自信を持たせ、「高い目標に挑戦しよう」という意欲を引き出すうえで、大きな役割を果たす。

逆の事例もある。ノルガードは以前、タッチポイントがアダになる経験を味わった。それが起きたのは、中規模の多国籍企業で製品マネジャーをしていたときだ。ノルガードは、新製品が会社の品質基準を満たしていないのに気づき、原因がわかるまで生産を中止してはどうかと、直属上司であるマーケティング・ディレクターに進言した。

ノルガードの上司が副社長に相談すると、断固とした口調で「今は第四・四半期だぞ。数字目標を達成するために、生産ラインは止めてはならない」と告げられた。これを受けて、上司はノルガードを呼びつけ、何がなんでも生産ラインを動かしつづけるようにと命じた。ノルガードが異論を口にすると、「君ができないというなら、ほかに適任者を見つけるまでだ」ときつく言い放った。

上司は生産ラインの稼働を続けるという仕事はやり遂げたが、ノルガードの信頼は失った。さらに悪いことに、ノルガードも「上役たちの判断は間違っている、もっと勇気を振り絞るべきだった」と後悔し、自尊心が傷ついた。この出来事からは、リーダーが本来の義務よりも体面を重んじると、相手の信頼を損ない、人間関係にヒビを入れかねないことがわかる。

信頼と献身を高める好ましいタッチポイントと、他人や自分への失望感をあとに残す望ましくない触れ合い。あなたはこれらの経験があるだろうか？　あるとすれば、一瞬が持つ威力と可能性にすでに気づいているはずだ。タッチポイントの潜在力を心得ているはずだ。

タッチポイントは、「全力を尽くそう」という意欲を引き出す場合もあれば、逆に相手を意気消沈させる場合もある。お金と同じように、タッチポイントそれ自体にはよい悪いはない。すべては使い方しだいである。タッチポイントは資源だから、有効活用することもできれば浪費することもできる。

わたしたちは誰でも、コナンの恩師のように至言を述べる場合もあれば、ノルガードの上司のようにものごとをぶち壊してしまう場合もある。

これが現実である。大事なのは、「失敗した」に対する「うまくいった！」の比率を高めるために、たゆみなく努力することだ。ここ数週間のタッチポイントを振り返ってみると、どれくらいの比率だったか？　どの程度が望ましいだろうか？

ぜひ覚えておいてほしいのだが、この比率を高めるには、お人よしに徹するよりも、むしろ高い手腕を発揮しなくてはいけない。相手の足をすくって仕事を遅らせるのではなく、やる気を高めて仕事を前に進めるのだ。体裁を取り繕うのではなく、献身を引き出すのだ。自分がマネジャー、相談相手、親など、どんな立場であれ、触れ合いに際しては、正しいことをしたいという思いを相手に抱かせるのが望ましい。高い役職にある人は、自室で椅子を温めていることなどまずないだろうが、その場合でも、適切な判断を下せるようみんなを導くのが望ましい。

タッチポイントの波及効果は絶大

タッチポイントを活かしたリーダーシップには、ソーシャル・ネットワークに似た効果があり、筆者たちはこれを絶大な波及効果と呼んでいる。

あなたが接した人々はみな、クモの巣のような人間関係に組み込まれる。タッチポイントでのあなたの言動はどんなものでもみな、たちどころに相手の知り合い五、六人に伝わり、そこからさらに、知り合いの知り合いへと次々に伝わっていくだろう。このため、急を要すると告げれば、それが人から人へと広まっていく。信頼感を呼び起こせば、それも

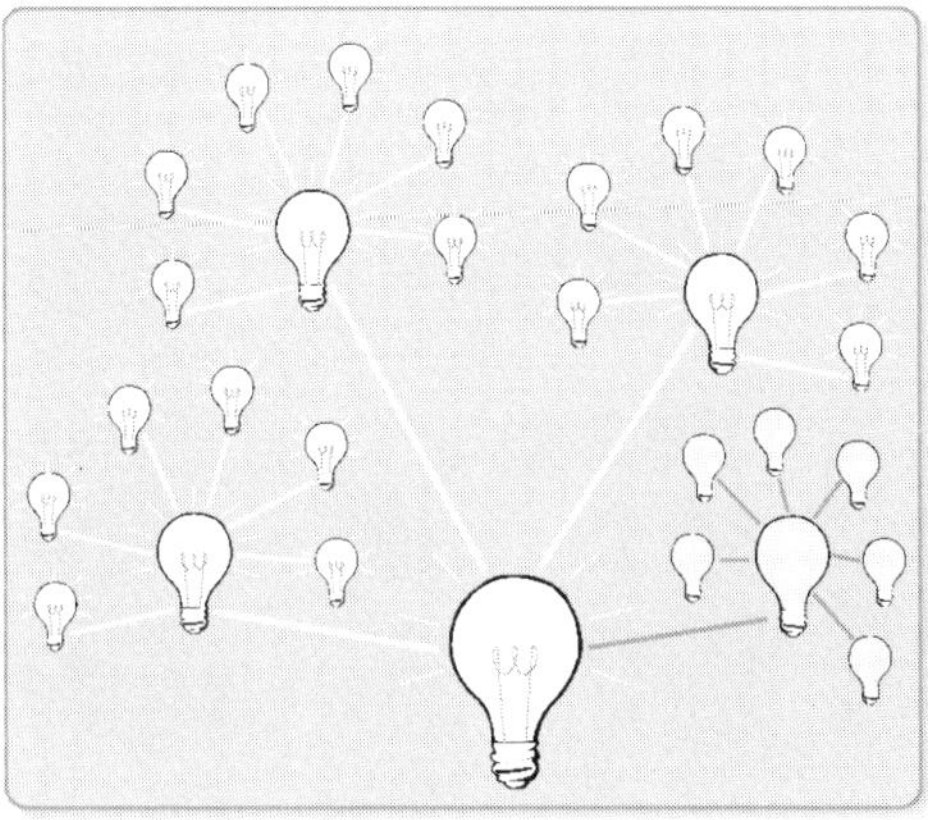

絶大な波及効果

伝染していくだろう。失態を演じれば、みんなの耳に届くのは防げない。

研究開発（R&D）部門のトップとして五〇〇人を率いるジョージは最近、タッチポイントの絶大な波及効果を身をもって知った。「上級幹部の会議でよくある激論のさなかでした。焦点になっていたのは細かい具体的な点です」。しばらくじっと耳を傾けていると、問題の立て方が狭すぎると感じた。その場には目上の人物もいたが、「わたしはいつのまにか、R&D部門にも判断権のある幅広い戦略上の視点から、歯切れよく意見を述べていました」と言う。「味方はいませんでしたが、とにかく熱く語りましたよ」

その後、法務部門の知人とたまたま顔を合わせたら、「会議で熱弁を振るったそうですね」と言われて仰天したという。ジョージが断固たる姿勢をとったことに感激した部下たちが、部門の代表者としてのそうした振る舞いを誇りに思い、大勢に話して聞かせたのだった。ジョージはこう言う。「リーダーは、一挙手一投足が注目の対象になります。わたしが提起した問題は、わたしのチームにとってとても重要なものでした。部下たちの感想を聞いた後、『あのときもし黙っていたら、どうなっていただろう』と考えさせられました」

組織は生きものに似ていて、人と人とが絶えずつながっている。実際、一つひとつのタッチポイントは、組織の中枢神経系のシナプスになぞらえることができる。シナプス間の短い距離を刺激《インパルス》が伝わると、新しい仲間を引き込むことができる。プラスの刺激は変化を引き起こし、マイナスの刺激はそれを妨げる。このため、変革にふさわしいネットワークをつくり上げるには、プラスの刺激を休みなく生み出す必要がある。タッチポイントの絶大な波及効果を知り尽していれば、誰かと言葉を交わす機会をすべて、相手に現実を直視させ、「やればできる」という気持ちを呼び覚まし、変革への意欲をかき立てるチャンスととらえられるだろう。

テーマには厳しく、人には優しく

厳しい時代である。診療所の所長、教育長、法人向けソフトウェア・ソリューション開発を手がける起業家など、誰であろうと、成果をあげるには勇気が求められる。毎日のように難題が降りかかり、業績をテコ入れしなくてはならず、厄介な問題に待ったなしで対処しなくてはならない。その意味では、世界のどんな職場にもまさに適者生存の原則が当てはまる。環境に適応すれば栄えるが、十分に適応できなければ生存競争から脱落する。中間などないのが現実である。

ただし、したたかだからといって、人間味を忘れてはいけない。テーマには厳しく向き合いながらも、人への気遣いを示すことはできる。事実、コナンがキャンベルの再生に乗り出した際に気づいたように、そのときかぎりで終わらない結果を出すには、たしかな人間関係を築き、まわりの人々の成長を助ける必要がある。

コナンがキャンベル入りしたとき、社内は沈みきっていた。建物は上端に鉄条網のついた高いフェンスで囲まれ、建物そのものも陰鬱な雰囲気だった。カーペットはすり減り、壁は色あせ、人々もやはり、疲れ果てているように見えた。値下げ攻勢とそれに続く徹底的なコスト削減が一〇年におよび、会社は深刻な悪循環に陥っていた。コナンはこのような現実を踏まえ、市場を制するにはまずは職場を制さなくてはいけない、という前提から出発した。つまり、何はさておき、二万人の社員の心をつかむ必要があったのだ。

気遣いを示す

コナンは出社初日、新CEOとして全社集会であいさつし、全社員を前にある誓いを立てた。「キャンベルは従業員を大切にし、従業員はキャンベルを大切にする」という誓いは、やがて**キャンベルの約束**として知られるようになった。リーダーが従業員の行動予定への気遣いを示さないかぎり、従業員から会社の行動予定への気遣いは期待できない、というのがその骨子である。コナンは「これは掛け声だけではない」とわかってもらうために、気遣いを具体的に示す方法を探しはじめた。そこで、会う人ごとに、「どこに改善の余地があるだろう？」「どうすれば力になれますか？」と尋ねた。

ある日、グローバル・サプライチェーン責任者のパットから、こんな答えが返ってきた。「ここは警戒厳重な刑務所みたいな雰囲気なのですが。錆びついたフェンスや鉄条網は全部撤去したらどうでしょうか」。コナンは「そうしよう！」と応じた。

コナンは、進捗状況を聞いて手助けを申し出るため、折に触れてパットのオフィスに立ち寄り、いろいろな質問を投げかけた。「警備を強化する計画はどうなっている？」「新しいフェンスの施工業者は決めたか？」「縁石を塗り替えたらどうだろう？」「景観もよくしてみたら？」。このようなちょっとしたやりとりに、リーダーシップの最高の秘訣がひそんでいる。これこそが、アイデアを引き出し、それを実現するためのタッチポイントへとつながるのだ。

ものの数カ月後には、気遣いが形になっていた。警備が改善され、フェンスは目立たなくなり、縁石は明るい黄色に塗られた。これが弾みとなり、今度はメンテナンス・グループが建物の内装に取り組み、廊下にペンキを塗り、カーペットを敷き換え、新しい絵を飾った。やがて、親睦会をつくってはどうか、フレックス・タイムを試しに拡充してはどうかなどと、建物の内装や外装以外についてもアイデアが出されるようになった。ほどなく、絶大な波及効果が全社におよび、全員が「やればできる」という思いを取り戻した。健康志向のスープ、利便性の高い包装、いっそう強力なブランド・メッセージなど、さまざまな提案が寄せられた。

キャンベルの約束は人々の心を強く揺さぶった。的を射ているうえ、わかりやすい言葉で本心を述べているからだ。リーダーは従業員への偽りのない気遣いを示し、従業員は会社のために身を粉にした。約束がなされ、そして果たされたのだ。

高い目標を掲げる

コナンは信頼の醸成を目指す一方、それまで以上に厳しい、数字で把握できるリーダーシップ目標を掲げた。これに伴いキャンベルは、ギャラップの指標を用いて従業員のやる気を追跡調査することにした。[*1] この尺度では、一二対一の比率が理想とされていた。大まかに述べるなら、各リーダーのもとには、やる気のない社員一人につき、仕事熱心な社員が一二人いる必要があるとされていたのだ。

＊1　ギャラップの従業員熱意データベースには、一七〇〇万人を超える従業員を対象とした、三〇年以上におよぶ詳しい行動経済学的調査の結果が網羅されている。直近のメタ分析（一五二以上の組織から収集したデータの分析）によれば、上位二五％と下位二五％の従業員層とでは、主な業務成果に際立った差があった。加えて、生産性、収益性、安全に関わる事故、常習欠勤の点で、やる気の高い従業員層と低い従業員層とのあいだに著しい差があったほか、同一業種において、やる気の高い組織は低い組織に比べ、一株当たり利益の伸び率が三・九倍に達することが明らかになっている。さらに詳しくは、ギャラップによる以下の資料を参照いただきたい。Employee Engagement: A Leading Indicator for Financial Performance（www.gallup.com/consulting/52/employee-engagement.aspx）

二〇〇一年にコナンのもとに、ギャラップ調査の初回結果が届いた。現状が思わしくないのはわかっていたが、さすがにやる気比率が二対一にも満たないとは予想していなかった。ギャラップの調査責任者から、「フォーチュン５００社のなかでは、わたしが知るかぎり最悪の結果です！」と宣告されたのも、致し方なかった。

コナンは、やる気を引き上げるために、三五〇人いるグローバル・レベル・リーダー全員の協力を必要とした。彼らは、社内のすべての部門や分野と接点があるからだ。ところが、二年におよぶ訓練、コーチング、説得もむなしく、やる気はほとんど向上しなかった。リーダーの大多数はどう見ても全力を傾けておらず、それでは向上など望めなかった。

二〇〇三年のグローバル・リーダー集会の冒頭でコナンは、四対一という最新のやる気比率を示した。そして聴き手のほうを向いて、「もう我慢ならない」と静かに、しかし断固とした口調で告げた。次いで、自分の期待水準は変わっておらず、むしろ以前よりも高くなっているとして、こう語りかけた。

「あなたがた全員に、『会社の前進にひと役買いたい』という思いを抱いてほしいのです。ただしみなさんは、世界一素晴らしい食品会社をつくり上げる覚悟でリーダーシップを発揮しなければなりません。それができない人にはこの場から去ってもらいます」

会場には水を打ったような静けさが広がった。参加者たちは唖然としていた。コナンは常に冷静きわまりなかったが、この瞬間は失望感をあらわにしていた。参加者たちはこのタッチポイントを今もこんなふうに回想する。「あの日ダグ（・コナン）はカンシャク玉を破裂させた」「彼の決意を目の当たりにして、背筋が伸びる思いでした」「さすがのダグも、忍耐が限界まで来ていた」
コナンがCEOに就任してから丸三年にも満たない二〇〇三年末には、三五〇人いたグローバル・リーダーのうち三〇〇人近くが会社を辞めるか辞めさせられていた。コナンと関係者すべてにとって辛く苦しい時期で、ほとんど毎週のように、とても多くの緊迫した話し合いや対面が求められた。リーダーは厳しい決断を余儀なくされた。解雇は避けられず、組織の見直しを迫られ、従業員に自信を取り戻してもらう必要があった。一人として影響を受けない者はいなかった。

明るい話題としては、解雇されたリーダーに代わって、能力が高く、部下の可能性を引き出す術を知る、結果志向のきわめて強い新しいタイプのリーダーが採用された。すぐに変化が現れはじめた。ギャラップのやる気比率は二〇〇六年に六対一、二〇〇七年に九対一となり、二〇〇八年には一二対一という理想的な水準に達した。さらに二〇一〇年には、一七対一という驚くべき水準にまで跳ね上がった!

あなたに適した姿勢とは?

どんなリーダーも、ただ厳しいだけ、あるいは優しいだけでは成功はおぼつかない。

日々のタッチポイントでは、その時々で結果を重視したり、人間関係に焦点を当てたりしなくてはならない。相手に期限を守るよう迫らなくてはならない場合もあれば、ほかのすべてをやめて相手の話に聞き入らなくてはならない場合もある。どんな日も、テーマを厳しく追求するかたわら、人に優しく接しなくてはいけない。

言うまでもなく、果敢で率直なリーダーがいる一方、思いやりに溢れたリーダーもいる。事実と向き合う術に長けたリーダーがいれば、人の気持ちを十分に察するリーダーもいる。あなたにはどんな姿勢がしっくりするだろうか？

テーマに厳しいアプローチ

リーダーの多くは業績に関わるテーマに取り組むのを好む。目標に焦点を当て、要求水準を決め、切迫感を生み出し、粘り強さを発揮し、競争に勝ち抜こうとする。これがあなたの強みなら、きっとあなたはものごとをシンプルにしておきたい性質《たち》だろう。厄介な状況には真正面から向き合う。十分な働きをしない部下には、ずばりそう伝える。対立があればその収拾に乗り出す。すみやかに決然と動く。

ただし、強みも行き過ぎるとかえってアダとなるので気をつけよう。部下たちがチームプレーを軽視して、個人プレーに走るかもしれない。何か問題があっても、自分の業務目標や報奨に影響がないと思えば見て見ぬふりをするかもしれない。リーダーであるあなたが、優れた業績にあくまでこだわる姿勢（高い要求水準につながる）と、ミスを許さない姿勢（盲従につながる）を混同するおそれさえある。

強面のリーダーは、働き手への優しさが話題にのぼると苛立ちを示す場合がある。「馴れ合いではないか」と感じ、みんなが輪になって座り、友愛の歌である「クンバヤ」を合唱しているイメージを思い浮かべるのだ。だが本当の優しさとは、仲間どうしで肩を抱き合ったり、他人のプライバシーに踏み込んだりするのとは一線を画する。一人ひとりの従業員を人間、ひいては尊重すべき相手と見なすだけでよいのだ。

人に優しいアプローチ

人を何よりも大切にするリーダーもいる。彼らは方向性といくつかの指針を示して部下の資質や熱意を引き出し、自分はかたわらから見守ろうとする。強い信頼をもとに絆を築き、互いの利益になる解決策を求めようとする。これがあなたの持ち味であるなら、あなたは聞き上手で相手をうまく巻き込み、部下の可能性を大切にしているはずだ。部下たちに互いへの目配りを期待し、「誰かのミスは全員のミス」という意識を徹底しているだろう。

だが、厳しさが過ぎるとかえって逆効果になるのと同様、優しさにも負の側面がある。たとえば、パス回しに鮮やかな工夫を見せるようになったチームでは、誰一人ゴールを目指そうとしないおそれがある。部下たちは、進歩よりも意見の一致を大切にしたり、ささいな事柄に血相を変えたりするかもしれない。しかも、あなた自身、「リーダーにとっては好かれるより信頼されるほうが重要であり、そのためには時として厳しい判断も下さなくてはいけない」ということを、忘れてしまうおそれがある。

＊＊＊

あなたは、テーマに厳しい手法と人に優しい手法の、どちらを強みとしているだろうか？　切羽詰った状況で自然にとるのはどういった姿勢だろう？　どちらが得意だろうか？

もし両方の手法をほどよく使いこなせていないなら、解決策として、得意なほうを控えるのではなく、苦手あるいは力不足と感じるほうをテコ入れしよう。たとえば、競争心が人一倍強いリーダーは、辛い状況に置かれた人に思いやりを示せる必要もある。日ごろ人を何より大切にしているとしても、誰かが原則を踏み外したなら、場合によっては力づくでも改めさせる覚悟を持つべきだ。どちらにしても、成果が高まり絆が強まるように、誠実に振る舞うのが望ましい。両方の手法に秀でたなら、目覚ましい手腕を発揮できるはずだ。

自分だけでなく、一緒に働く人々の手法についても考えてみよう。彼らの主な流儀はどのようなものだろうか。タッチポイントへの姿勢が自分と同僚とでは大きく違うようなら、前向きな結びつきを得るために、いっそうの努力が求められるかもしれない。

たとえば、一八人のイノベーション・チームを率いる副社長のリサは、一部の同僚に思うように動いてもらえず苦しんでいた。新規施策の成功に向けてどうしても力を借りなくてはいけない人との関係が、とりわけ大きな頭痛の種だった。ついにリサは、相手にさしでの面会を求め、初めて鎧を脱いだ。そして自分の理念を説明し、仕事にこれほどまでに入れ込む理由を語った。そのうえでこうも述べた。「あなたとうまく足並みを揃えて仕事をしたいの。同僚への要望を聞かせてくれないかしら?　どうすれば信頼してもらえるかしら?」

リサがあくまでも結果を出すことにこだわるのに対して、相手は人間関係をとても大切にしていることがわかった。リサは、課題に真正面から向き合うのが望ましいと考えていたが、相手は、他者の見方を受け入れる誠実な人を信頼していた。これらは二人にとってきわめて有益な気づきだった。このタッチポイントが転機となり、二人の協力関係は大きく前進した。

テーマに厳しく、しかも人に優しく

テーマに厳しく、しかも人に優しく接すると、成果がいっそう高まるはずだ。ノルガードはある夏の夕方、かつての顧客イェンス・モーベリから電話を受けた。当時イェンスは、マイクロソフトの本社顧客サービス・営業担当副社長に就任して一年が経ったばかりだった。この間、配下のチームは圧倒的な成果をあげたといい、彼はこの先の一年を非常に楽しみにしていた。「メッテ、聞いてくれ。信頼できるチームを築いて、二〇〇七年には七〇億ドルを稼ぐつもりだ」

この言葉はイェンスの真骨頂を示している。結果と人間関係、両方への強い思いが滲んでいるのだ。イェンスにとって、七〇億ドルの目標を達成する秘訣は、本社に鎮座していないで一四の地域それぞれとみずから力を合わせ、年間を通して連絡を絶やさないための方法を考えることだった。翌年イェンスは、一人称の発想を捨ててチームを重視する姿勢を身につけられるよう、二〇日ほどを費やして部下を手助けし、これが功を奏した。年末には、信頼が強まり、花形メンバーたちが協力し合い、チームは会社予測を上回る成績をあげた。

まとめ

変化が速く複雑きわまりない、グローバル化の波に洗われる職場には、あなたの力ではどうにもならないことがいくつもある。しかし幸いにも、完全にコントロール可能な事柄が二つある。ひとつめとして、今度タッチポイントに遭遇したら、強い熱意と目的意識で臨もう。そして、それを何度も繰り返せばよい。二つめに、リーダーとしての進歩を目指して精一杯努力すればよい（詳しくは次の第2章で述べる）。

さっそく実行に移すには、次に予期せず誰かと接する機会が訪れた際に、それをうまく活かしてはどうだろう。鋭い質問をして相手の考えから少しモヤモヤを取り払えるかもしれないし、プロジェクトの重要性を力説してチームのやる気をいっそう高められるかもしれない。

では、来週は日に三回ずつ誰かを手助けしたら、どうなるだろう？　どんな気分だろう？　次の週、さらに次の週と、同じことを繰り返していったらどうだろう？　週に二〇回ずつタッチポイントを活かして何かを変えると、年間では合計一〇〇〇回以上になる。とてもささいな取り組みかもしれないが、おびただしい効果があるだろう。「時間を以前よううまく使えるようになった」と手ごたえが感じられるばかりか、影響力を強められるからだ。

タッチポイント流リーダーシップの美点は、親しみやすいうえに目標に近づく助けになることである。毎日二、三のタッチポイントをうまく活かすのは容易だが、日に十数回、来る日も来る日も休みなく繰り返すとなると、話はまったく別である。進歩への旅は生涯続く。

次のページから、その第一歩を踏み出そう。

第2章

明日もっとうまくやれることが、ひとつあればよい

——進歩への誓い——

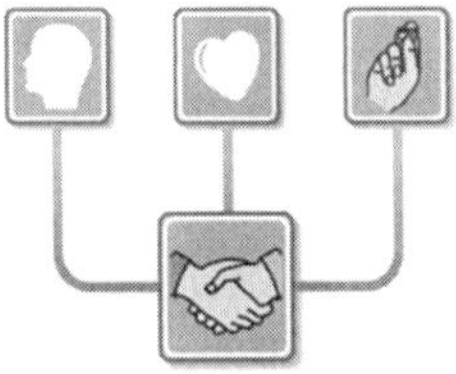

リーダーは行動する。何かをつくり、育て、前へ進める。よりよい、より大胆な、より心躍る何かを行なうことで未来を紡ぐ。多くの人は「明るい未来を築けたらいいな」と夢見るだけだが、リーダーは夢をかたちにする。そしてそのために、まわりの人々に影響をおよぼす。

最前線のリーダーは、チームの業績を押し上げるエネルギーと方向性を生み出す。さらにその上のリーダーは、部門全体、事業部全体、会社全体の注意を引きつけ、同じことを成し遂げる。

責任が大きくなれば、それに応じて不確定要因も増え、より優れた手腕が求められる。地位が高くなるにつれて大勢から注目を浴びるため、言動がぶれてはいけない。そのうえ昇進するつど、まわりの人々がリーダーとして豊かな経験を持ち、リーダーシップ発揮法について確固とした考えを持っていることに気づかされる。

このような同僚を動かすには、よく聞いてもらえるように明快な発言をし、注意を向けてもらえるように信用を得なくてはならない。それだけの信頼を得るには、タッチポイントを活かすだけでは足りない。手慣れている必要があるのだ。

専門家ややり手がリーダーの地位を目指すのはえてして、それがより多くの収入、特典、信望、権力を手に入れるただひとつの方法だという理由による。ところが、実際にリーダーになってみると、まわりから注目され、責任や重圧が増えるため、これに馴染めない例が少なくない。

バスケットやアメフトのプロチームの監督がどれほど大変かを、少しのあいだ考えてみてほしい。それでも、こうした監督が指揮するのはせいぜい一〇〇人に満たない選手やスタッフであるのに対して、リーダーの筆頭格ともなると、現場でいちどきに数千人とは言わないまでも数百人の「プレーヤー」を束ねる場合もある。

そのうえ往々にして、部下たちは一カ所に集まっているのではなく、時差のあるいくつもの地域に分散している。たとえ全員が一カ所に集まっていたとしても、労組の組合員と非組合員、メンテナンス担当者とトラック運転手、技術者とマーケティング担当者などが混在しているかもしれない。計り知れないほど込み入った状況だ。

リーダーとして成功するには、それ相応の手腕が求められる。十分な手腕を発揮するには、準備が欠かせない。正直なところ、重圧、苦役、煩わしさに馴染めないなら、どう見ても割に合わない仕事だ。人生は短いのだから、気が乗らない仕事をしていてはもったいない。さらに重要な点として、従う価値のないリーダーでは、部下たちが気の毒だろう。

だからこそ、進歩への誓いを立ててほしいのだ。

進歩を阻むもの

進歩して完成の域に近づくにつれて、日々の大切な瞬間をとらえ、特別な何かを添える術に長けてくる。特別な何かとは、相手への激励や称賛かもしれない。あるいは、話を最後まで聞いたり、何かが重要な理由について時間をかけて説明したりするのかもしれない。その特別なものによって、ありきたりな触れ合いがかけがえのないものへと変わる。明敏なリーダーは、人間関係の活力はつながりの数によって決まり、それがチームの強さになると心得ているから、タッチポイントに力を注ぐ。すると、そつなくすみやかに動く一枚岩のチームを築けるのだ。

このような効果があるのに、みんなが進歩を目指すわけではない。なぜだろうか。筆者たちの経験では、一般的な理由は三つあり、そのどれかが働いている可能性がある。

重すぎる重圧。あなたはピリピリし、うんざりしている。へとへとで、あっぷあっぷで、途方に暮れている。二〇もの仕事を併行して進めていて、何とかこなしているところへ、さらに二つの仕事を投げられた。いつも予定より遅れているように思える。仕事がうまく回っていると、家庭が疎かになる。家族との時間を増やすと、チームを裏切っているように感じる。背伸びの必要な分野があとひとつでもあったら、もうお手上げだ。

どう見ても、こんな綱渡りを長く続けられるはずがない。あなたは頑張り屋との評判を築いたかもしれないが、「もっと大きな責任や入り組んだ課題を担わせてはどうだろう」と期待される可能性はとうていないだろう。ランニングマシンから転げ落ちるまで粘ってはいけない。今すぐ降りることだ！

ぬるま湯状態。あなたは何年も前から今の仕事をしているのだろう。仕事の腕はよいし、まわりからも一目置かれている。中庸を得た上司のもと、ほどよい大きさの仕事をし、ほどよい期待を寄せられている。素晴らしいことではないか。ただし、ぬるま湯に浸りすぎると、たいていは緊張感がゆるむ。いつしか学習意欲が衰え、切れ味も鈍くなる。

家畜になった動物の脳は、同種の野生よりも一五～三〇％小さいという研究結果がある。[*1] だから、競争の激しいグローバル環境で成功を望むなら、少しは野性味を保っておく必要がある。気を張り、たゆみなく技能を磨かなくてはいけない。今日の組織は世界中から最高の人材を探し求める。つまり、要求水準が高くなる一方だから、向上しないかぎり今の立場さえも保てないのだ。

＊1　John Medina, Brain Rules (Seattle: Pear Press, 2008), p.58。（ジョン・メディナ『ブレイン・ルール』

日本放送出版協会、二〇〇九年）

慣れない役割。新たな役割を引き受けると、それに関わる専門知識をすべて理解しようと躍起になりがちだ。そして、進歩のための時間などないと思い込む。だが、こういうときこそ、できるかぎり進歩を目指さなくてはいけない。リーダーであるあなたがきちんと仕事をするには、他の人々に全面的に頼らざるをえないからだ。

こういうときこそ、みんなが進んで現状を教えてくれるように、できるだけ早くつながりを築かなくてはいけない。歯切れよく語りかけ、全員に同じメッセージを届けなくてはいけない。他人の話に熱心に耳を傾け、相手に必ず「聞いてもらっている」という気持ちを抱いてもらわなくてはいけない。専門性とタッチポイントを活かす力、この両方を磨こうと努めれば、学習に拍車をかけて成果を高められるだろう。

進歩のための時間をつくる

今あなたは心のなかで、「すべてもっともだが、自分には時間がない！」とつぶやいているかもしれない。ただし、進歩に向けて精進している人も時間があるわけではない。彼らは時間をつくっているのだ。たとえばよき親やよき友になりたい、もっと高い学位をとりたい、マラソンを完走したいなどといった、人生で大切に思うこととまったく同じように、タッチポイントの進歩を優先課題に据える必要がある。

社長として大がかりな全国営業チームを率いるマイクは、「何が大切かをはっきりさせたら、仕事のしかたがすっかり変わりました」と言う。それまでは、毎日さまざまなテーマや人が怒涛のように押し寄せてきて、強烈なプレッシャーにさらされていた。まわりからは「時々カッとなる」と言われていた。

「今では始業時と就業前にひとりの時間を設けています。部下たちも、午前九時までと午後四時以降はわたしのスケジュールを押えてはいけないとわかってくれています」。マイクはこれらの時間帯に考えをまとめ、戦略を錬り、厄介な会合の進め方を検討する。こうした心のゆとりが確保できると、他人と接する際には相手に一〇〇％集中できる。「他の時間はいつでもみんなの用事に応じる用意ができていて、一時間に六つのテーマをこなすのも簡単です」

結果は満足のいくものである。「今では、カンシャクの回数、激しさとも半減しました。部下たちもはっきりと違いを感じていますよ。わたしのことを『以前より幸せそうだし、人間が丸くなった』と思っているようです。『ヨガでもしているのですか』と聞いてきた者さえいます」。奥さんも、「疲れてムッツリして帰宅することが少なくなったみたい」と言っているらしい。

以下では、タッチポイントの進歩を優先課題に据えたあなたに、時間をひねり出すヒントを示したい。スケジュールを見て、会議のうち自分が設定したものがいくつあるかを数えてみよう。マイクは愕然とした。早朝の電話会議のほとんどとそれ以外の会議の半分以上は、自分の申し出によるものだったのだ。

あなたがどれだけの会議を抱えているにせよ、来週はその半数に抑えるか、数は同じでも時間を半分に縮めるか、どちらかをお勧めしたい。こうすると考える時間が取れ、予期しないタッチポイントにも対応できる。これはまた、タッチポイントが始まったら、それにしっかり対応することも意味する。テーマに集中し、相手の助けになる方法を探り、課題を前に進めるために手を尽くすのだ。

あまりに遠大な道のりに見えるのも、「タッチポイントに対処する力を磨こう」という気になれない理由だろう。実際、「進歩」という言葉も気力をくじきかねない。だが、千里の道も一歩からというように、進歩への道も、「明日はもっとうまくやれることがひとつあるとすれば、それは何だろう？」と胸に手を当てることから始まる。たったひとつでよいのだ！　そうすれば、日ごとに少しずつ、週ごとにかなり、そして三カ月ごとに著しく向上していく。

進歩の基本

進歩を目指すには、知恵、ハート、技能を活かさなくてはならない。つまり、次の三つが必要なのだ。人材と変革を率いるうえでの指針となる論理的モデル（知恵）。明快な目的意識や他人と誠実に関わる方法（ハート）。大切な瞬間への備えをして手腕を発揮するための実践法（技能）。

これら三つの基本となるのは、「正しい」リーダーシップへの処方箋ではない。人々を束ねて動かしていくあなたの手法、リーダーとしてのあなたのブランド、あなたならではの冴えを生み出すための、体系立ったアプローチなのである。

タッチポイントという大切な瞬間に、知恵、ハート、技能の三つがひとつに溶け合い、冴えわたった判断を導き出す。このような手腕を備えていれば、同時に一〇以上の仕事を抱えていても、軽々とこなすことができる。緊張が高まるなかに割って入り、無理なくそれをほぐす。いかにも事もなげな様子で瞬時に判断を下す。これらを実現するためには、雑音をさえぎり、関係ないものをすべて脇にのけ、大切な瞬間の可能性だけに意識を集中

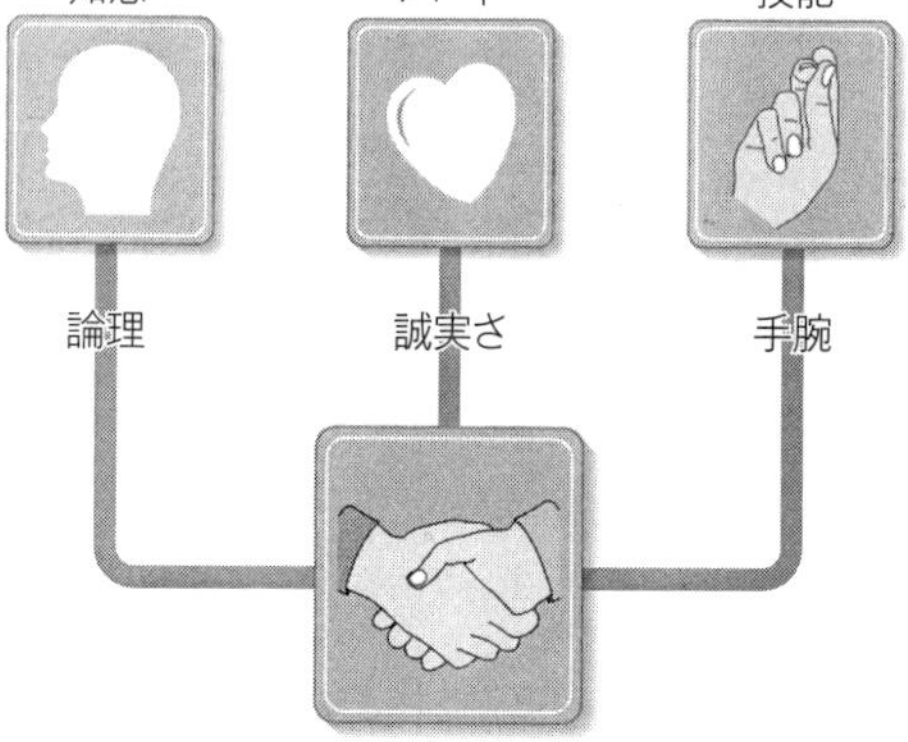

タッチポイントにうまく対処するための基本

するのだ。

知恵を働かせる

何はさておき、明快なリーダーシップが求められる。リーダーは、数え切れないほどのデータを分析して傾向を探り出し、タッチポイントで何が起きているかをつかまなくてはならない。これをいつでもすみやかに、しかも的確に行なうためには、独特な状況のもとで自分に役立つ、自分らしいリーダーシップ・モデルを築く必要がある。

ウォード・クラパムという人物がいる。カナダ連邦警察（RCMP）のリッチモンド署長を務めるクラパムは、自分のリーダーシップ・モデルをこのうえなく明快に意識している。「準備と修復」を軸としたそのモデルは、非行に走るおそれのある一〇代や犯罪者への対応、地元のリーダーとの交流、署員の育成など、あらゆる行動の指針となっている。

クラパムは、問題が持ち上がってから対処に動くのではなく、先手を打つために全力を尽くす。この手法の成果は署のすみずみに見られる。たとえば、警察の内部調査班は一般に、署員による不祥事が起きて初めて動く。ところがクラパムのもと、この組織は内部予防班と名称を改め、調査のほかに規律の徹底も担うようになった。不祥事の防止に責任を負ったわずか一年後には、警察官に対する苦情件数を七〇%も減らした。

クラパムは明快きわまりないリーダー像を打ち出し、絶大な波及効果を生んでいる。署員はみな、彼のリーダーシップ・モデルを理解しているばかりか、他署の同僚にもそれを伝えているほどだ。

あなたがチームや部門の統率のしかたについて、これと同じくらい明快な思考法を身につけたら、どうなるだろうか？　どれくらい影響力が強まるだろうか？

ハートを活かす

二つめとして、健全で活力ある芯をつくるために、自分の意図を一点の曇りもないほど明快にしなくてはならない。ゴルファーの芯、つまり、スイング時の身体の回転軸を思い浮かべてほしい。芯がしっかりしていれば、身体に備わるエネルギーに勢いをつけ、それをうまく制御しながら無理なく放出して、スイングを終えられる。肝心な瞬間にそつなく効果を発揮するには、自分は何者なのか、なぜリーダーの役割を果たすのかを知り尽くしていなくてはいけない。リーダーシップを執るのにふさわしいハートが必要なのである。

一〇億ドル規模の事業部門を率いるアイリーンを例にとろう。彼女は、リーダーとしての自分に大きな影響を与えた人物として、祖母と母親を挙げた。二人からは打たれ強さを学んだという。祖母と母親が第二次世界大戦中に上海を逃れ、あやうく餓死しかけた体験と比べれば、どんな苦難も物の数ではないと言う。

アイリーンは、こと低迷部門の立て直しには脇目も振らず取り組む。全身全霊で仕事に打ち込み、まわりの人々にも同じ姿勢を求める。熱意の塊のような彼女にとって、他人事のような冷めた態度は我慢がならない。「組織の利益よりも自分の安楽を大切にして、行動を変えられないような人は、ここには要らない」というのが持論である。人々に多くを期待する一方、それ以上のものをもたらすため、まわりには精鋭が集まってくる。「腹を割って互いと向き合い、苦労をともにするような、そんな協力関係が大切なのです」

あなたのチームの人間関係を考えてほしい。全員が自分の利益よりもグループの目標を優先させたら、どれだけのことが達成できるだろうか?

技能を発揮する

三つめとして、自信を持って人々と接し、触れ合いのつど相手に自信をお裾分けするには、冴えわたった能力が求められる。どんな場面にもうまく対処するには、多彩な技能を使いこなさなくてはいけない。ユーモアで緊張をほぐしたり、問いを投げかけて相手を動かしたり、心に残る話をしたりする必要があるかもしれない。何が求められようとも、鮮やかにこなしたいだろう。

相手の話をじっくり聞くのも、効果的なリーダーシップ発揮法になりえる。ノルウェーのマイクロソフトでチーム・リーダーを務めるビルギット（仮名）の例を紹介したい。ビルギットは、三六〇度評価の際に、直属の部下との一対一面談での振る舞いを手ひどく批判された。部下が話している最中に、ＰＤＡ（携帯情報端末）の新着メッセージにたびたび視線を投げて、気もそぞろだったため、相手の気分を害してしまったのだ。

ビルギットは、注意が散漫だったせいで部下から「無関心だ」と思われたと気づくと、振る舞いを改めた。するとすべてが変わった。以後、週次の一対一面談の際には、部下とともにブーツとコートを身につけ（何しろ場所はノルウェーなのだ）、ＰＤＡを置いて散歩に出かけた。ビルギットは部下の相談に乗ることだけに集中でき、しかも二人とも肩の力を抜いてさわやかな気分になり、やる気を漲らせてオフィスに戻った。

もし部下たちから、よりよいリーダーになるためにこれまでと違った行動を取るよう申し入れがあり、あなたがそれを実践したら、どんな効果があるだろうか？　それを何度も繰り返したらどうだろう？　あなた自身が向上して部下たちの尊敬を集めるほか、部下たちにも行動を改めるよう胸を張って求めることができるはずだ。

＊＊＊

もしあなたが、進歩に向けたアイデアは気に入ったが、努力する価値があるかどうか疑問を感じているなら、少しのあいだ、進歩を目指さなかった場合に失うものについて考えてはどうだろう。

目標を達成できない理由

誰にでも、冷静に仕事ができない日、仕事に身が入らない時期、どうしても準備の時間がとれない状況などがある。しかしそれはさておき、わたしたちはおのおの、知恵、ハート、技能のうちどれかひとつで頻繁に躓く傾向があり、そのせいでなかなか完璧の域に近づけない。

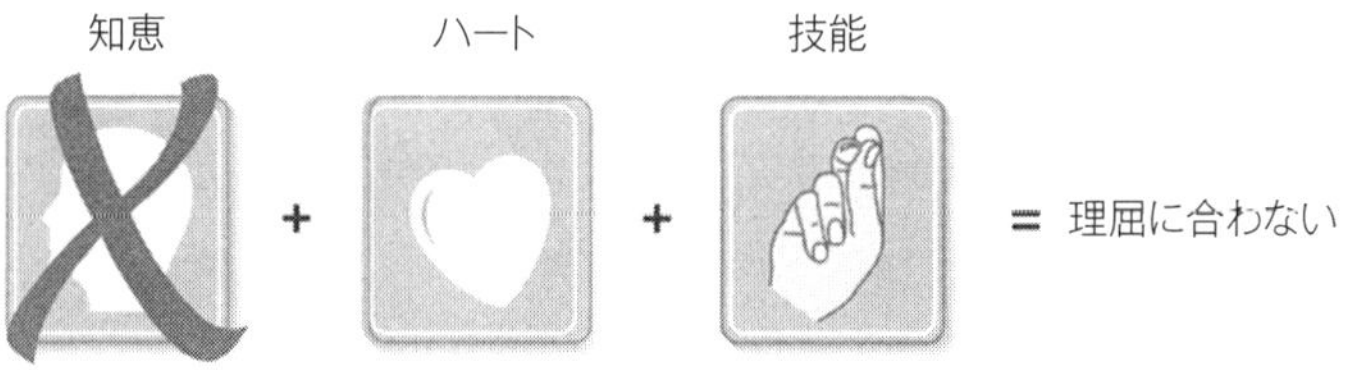

背景となる理屈が欠けているとき

明快なリーダーシップ手法を身につけていないと、何かの判断をしても、その理由をみんなから理解してもらえない。「あのプロジェクトはなぜよその部門に任されたのだろう?」「あの報告書の受け入れが中止されたのは、どんないきさつによるのだろう?」「またも目標が変更になった理由は?」。部下たちが背景にある理屈を探っても、どこにも見つからないようだ。

あなたは四半期の初めには決まって、農耕の比喩を使って「顧客と強い絆を培う」と部下の前で豪語するが、四半期の終わりになると、毎度のように、狩猟の喩えを持ち出して「獲物は自分でしとめろ」などとのたまうかもしれない。部下たちは会議からの去り際に、「たしかに」「素晴らしい考え方だ」「どうしてこれが大事なのかわかった」ではなく、「雲をつかむようだ」「なんでこんなことをしなくちゃいけないの?」「何が何だかわからない」などとぼやく。そして、困惑をほかの人々にも伝え、混乱をあちらこちらに波及させるのだ。

なぜこうなってしまうのか? それは、あなたがたくさんの素晴らしいアイデアを持ちながら、優先順位をつける訓練ができていないからかもしれない。もしかすると、新しいポストでの仕事はあまりに込み入っていて、理解に必要な頭の筋肉がまだ十分に鍛えられていないのかもしれない。あるいは、猫の目のように変わる状況に対応しなくてはならないせいかもしれない。非常に明快な考えを持っているのに、「部下たちは自分で理解すべきだ」という理由で説明の時間を省いているのだろうか。

本物の絆に欠けるとき

自分のハートの中身をつかんでいなければ（あるいは、表に出さなければ）、相手と本当のつながりを築くことはできない。部下を真剣に気遣っているとしても、それが相手に伝わらないなら、どうして信頼してもらえるだろうか？　それに、あなたが気遣いを伝えなければ、部下たちが関心事や心配事を自分から進んで話してくれる可能性も小さい。何と言っても、あなたが部下との関係のために努力や犠牲を払わないなら、相手にそれを期待しようがないだろう。

するると、シナプスが熱意で漲ることはなく、つながりは漫然として、仕事への覇気に欠けた状態になる。部下たちが仲間に語るのは、「今の上司のもとで働けてワクワクしている」「上司を失望させたくない」「上司から応援されている」ではなく、「何を考えている

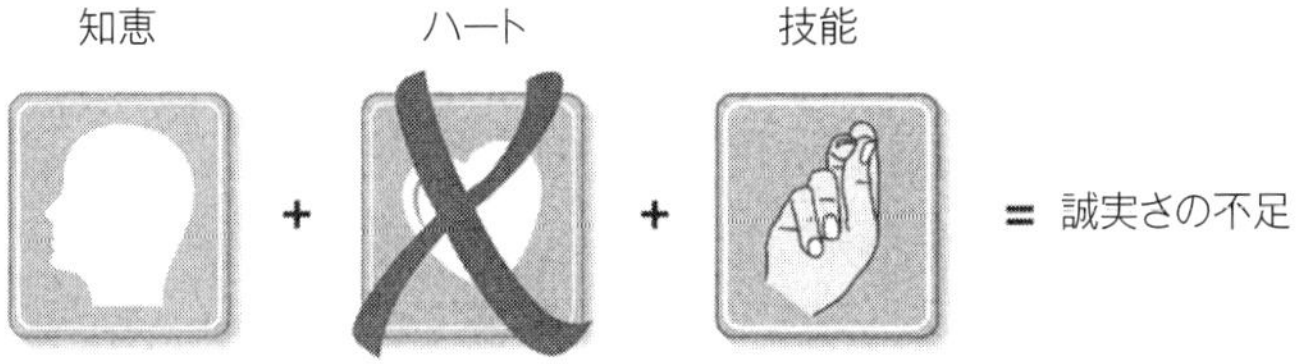

のかわからない」「『意見や提案を出してほしい』なんて言っているけど、口先だけだ」「感謝の言葉をかけられたおぼえがない」だろう。

リーダーに相応しいハートを持っていないのなら、人の上に立つべきではない。心から仕事が好きなのに、それをどう表したらよいかわからないなら、何が妨げになっているかを探り出そう。おそらく、自分の情熱や目的をプライベートな事柄と見なして、それについて話すのをきまりが悪く感じるのだろう。

こうした感じ方も部下を持たない身なら悪くはないが、リーダーともなると事情は違う。権限ある地位に就いたなら、部下の昇進や降格を決め、ひいてはその将来を一部にせよ左右することになる。だからこそ部下たちは、あなたにとって何が最も大事かを知ろうとして、「手がかりがないか」といつも神経を尖らせているのだ。

技能が十分ではないとき

仕事の下地づくりを怠ったら、部下たちから「準備をして最大限

の努力をするだろう」という信頼は得られない。頼りになるリーダーのもとにいるとは思ってもらえないのだ。そのうえ、自分の技能向上をなおざりにしたら、部下たちにもそれを期待できないだろう。

このように、あなたのタガが外れていたのでは、自分が信用をなくすだけではすまず、部門の評判さえも損なうことになる。恥の上塗りになりかねないのだ。部下たちは、「上司の仕事ぶりを見るのが楽しい」「彼はいつでも準備万端だ」「掛け値なしのプロだね」ではなく、「思いつきで動いてばかり」「あの件ではお手上げだったみたい」「成り行き任せで仕事にムラがある」などとこぼすだろう。

あなたが自分を磨かないのはきっと、まわりで一番であることに慣れていて、出たとこ勝負でも何とかなるからだろう。あるいは、努力することと結果を出すことの区別がつかず、時間さえかければ自然と向上すると考えているのかもしれない。だが、仕事の責任と複雑さが増せば、もはや出たとこ勝負では対処できず、「長時間働けばよい」という理屈は成り立たない。何かを変えなくてはならないのだ。

＊＊＊

誰にでも不得意な分野はある。サルも木から落ちるというではないか。知恵、ハート、技能という三つの基本について考えると、ものごとをもっとうまく説明したり、もっと積極的になったりする必要があると気づくかもしれない。あるいは、一方的にしゃべるのを控えて、もっと相手の話を聞く必要があるのかもしれない。誰もあなたに完璧を求めてはいない。望んでいるのは向上である。

だが、変わるのは容易ではない。なぜ難しいかというと、新たな気づきを頭ではなく身体に覚えこませ、あまり考えなくても実践できるようになるまで努力しなくてはならないからだ。心のなかにひらめいた最高の意図を直感的に形にできるまで、自分を鍛えるのだ。

製造担当副社長のビルは昨年これを成し遂げた。

ビルの言葉を引こう。「リーダーになり立てのころは、『矢でも鉄砲でも持ってこい』『一番でなければ意味がない』という考え方でした。『超』のつく短気で、人の話の腰を折ってばかりでしたよ」

その後ビルは三六〇度評価で厳しい洗礼を浴びた。「明白な結果を突きつけられて、『変わらなくてはいけない』と悟りました」。そこでひとつだけ改めた。「しゃべるのをやめたんです。部下がやって来ると、ひたすら相手の言葉に耳を傾けました。そして話が終わったと思ったら、『他に何か言いたいことは？』と水を向けて、相手が言葉を補えるようにしました。これを習慣にしただけです」。現在、ビルは聞くことを、相手の発言への関心を示す手段と考えている。

見違えるような変貌だったため、部下たちは「今のビル」と「昔のビル」を比べて、その時々のタッチポイントで昔のビルだったらこう言ったはずだ、などと冗談を交わした。

進歩度合いを確かめる

腕利きの大工は、糸に重りをぶら下げた側鉛線で仕事の仕上がり具合を確かめるという。それと同じくタッチポイントの進歩度合いも三つの基本を使って確かめられる。以下に示す「チェックリスト」をざっと眺めるだけで、足りている部分とそうではない部分がわかるはずだ。

アジア太平洋地域（従業員数四五〇〇人）の人材開発担当副社長メアリーは、リーダーたちのキャリア開発においても、三つの基本を用いて進歩度合いをチェックするのは有効だと考えている。「『知恵』と『ハート』と『技能』について考えると、リーダーの強みと

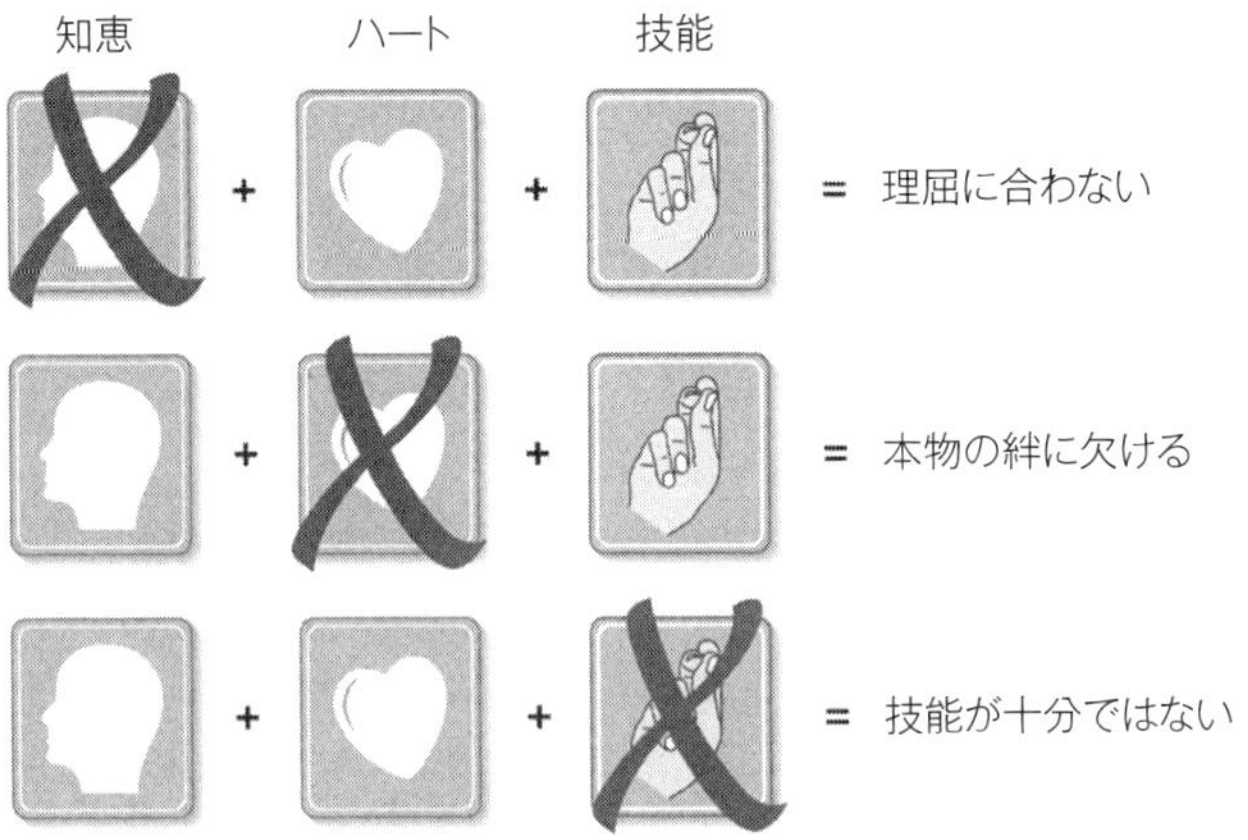

進歩が足りない場合の影響

弱みをすぐに見極められますね。わたしはいつもこの方法を使っています。たいていのリーダーは疲れきってしまうこともありますから、そんな際にどうすれば彼らの力になれるか、このチェック方法の助けを借りて探っているのですよ」

自分との約束

自分に約束するのはわけもない。難しいのはそれを守ることだ。

次のような状況を想像してほしい。誰かから「至急会いたい」という電話があり、あなたは承知する。約束の時間になっても相手は現れず、しばらくしてあなたはその場を立ち去る。二、三時間後、ふたたび電話が入る。

何度も謝罪の言葉があった後、会談を懇願された。あなたは今度も承知し、またもすっぽかしに遭う。そして、ほとんど信じがたいが、三度目も同じことが起きた。

こういう相手をどう許するだろうか。「当てにならない」「口先だけ」「とんでもない奴」といった言葉が浮かぶに違いない。

だが待ってほしい！　あなたは自分に何かを誓っておきながら、それを破った経験はないだろうか？　「月曜の朝からダイエットを始めよう」「この締め切りを乗り越えたら、家族との時間を増やそう」「新しいポストに慣れたら、リーダーシップを磨く時間をつくろう」と自分に言い聞かせたのに、その約束を果たさなかったことが。

なぜこんなことになるかというと、好ましい意図を行動へとつなげるには、本気が欠かせないからである。そして、課題が重要であればあるほど、強い本気度が求められる。

本気を出すには、何かを切望するとよい。子供のころ、喉から手が出るほど何かが欲しかったときのことを、思い出してほしい。頑として諦めなかったはずだ。皿洗いから芝刈りまで何でもしただろう。両親が音を上げるまで、ねだったりせがんだりしただろう。リーダーシップに関して、これと同じくらいの熱心さで望むものとは何だろう？

もしかすると、「組織の上位一％に食い込んで最重要のポストに就いてみせる」と野心を燃やしているかもしれない。あるいは、派手な失敗からの挽回を図る必要があるかもしれない。それとも、チームとして、不可能に近い目標を達成するのが夢だろうか。今は家族を何よりも大切にしていて、仕事を手際よく片づけて早く帰宅するのが一番の希望かもしれない。

まとめ

月並みなリーダーが変わろうとするのは、変わらずにいるコストが変わるコストより大きくなった場合だ。業績査定が悪かったとき、何かに味噌をつけて面目を失ったとき、仕事でお手上げと感じたとき、などである。

これに対して、影響力を望むリーダーは、リーダーシップをきわめたいと考える。彼らはそのために努力して腕を磨く。するとさらに本気度を強め、いっそう自分を磨き、向上の足取りを速めていく。

数年前にノルガードは、ユタ州サンダンスで行なわれた一週間の役員研修会の冒頭、参加者の一人に「なぜここに？」と訊いた。相手は頭を左に傾けて、「脳がこんなふうになっているからです」と答えた（左脳の比重が大きすぎて、分析に偏りがちだという意味である）。そして、頭のてっぺんの髪をつかんで頭をまっすぐに戻すと、こう続けた。「頭をこんなふうに引き起こせないなら、これ以上の昇進はない、と言われたのです」

この言葉で彼は目覚めた。まわりからは「頭デッカチで技能に頼りすぎている」と言われていた。今のポストに就くにはそれで十分だったが、さらに上へ行くには専門能力だけでは足りなかった。

このような意見は耳に痛いが、リーダーにとっては往々にして最大の良薬である。謙虚な気持ちになると、新たな学習と真の成長への地ならしになるからだ（「謙虚（humility）」という語が「土地」を意味するラテン語のフムス《humus》に由来するのは、偶然ではない）。実際、謙虚な人ほどえてして、技能の習熟に誰よりも身を入れるものだ。というのも彼らは、自分を他人と比べるのではなく、「こうありたい」という内なるビジョンに突き動かされているのである。

経営学の泰斗ピーター・F・ドラッカーも、「知識労働者としてのわたしの生涯」という小論に、こうしたベテラン中のベテランの逸話を記している。ドラッカーはハンブルクで暮らしていた一八歳になりたてのころ、ベルディのオペラ「ファルスタッフ」を鑑賞した。そして、その途方もない迫力とベルディの人生への情熱に感嘆した。ベルディが八〇歳のときの作品だと知ると、感動はいっそうきわまった。すでに当代屈指の大作曲家だったベルディは、なぜこれほどの高齢でこれほどの労作に挑んだのだろうか。

ドラッカーはその答えを、ベルディ自身による次のような言葉に見出した。「わたしは音楽家としての人生をとおして、常に完璧を目指して努力してきた。だが決して完璧の域には達せずにいる。わたしは何としても今一度、挑戦しなくてはならなかった[*2]」

肝心なのは、あなたがどんなリーダーになりたいと望んでいるかだ。乗るか反るかの瞬間をただ待っているだけか、それとも、そうした瞬間と正面から向き合いたいのか？　どんな志を抱いているにせよ、全力で進歩を目指すくらい強く、その実現を望んでいるだろうか？

＊2　Peter Drucker, "My Life as a Knowledge Worker," *Inc.*, February 1997, pp. 76-78.

第3章

自分流のリーダーシップ・モデルをつくる

——知恵を働かせる——

ロジャーは二三歳のときユニリーバに入社し、ロンドン北部の工場で一〇〇人の梱包部門を監督していた。仕事に就いて三週間後に会社から、翌年にはその工場を閉鎖するという発表があった。

数カ月後、一人の女性社員がロジャーのもとにやってきて、この一時間半ほどのあいだにうかつにも「持っていたリンゴを誤って梱包用の箱に入れてしまい」、今それに気づいたと明かした。ロジャーは困った状況に直面した。リンゴがどこかに紛れ込んでいた。そのリンゴは、二〇〇グラムの美容液の瓶に入っていた。瓶は小箱に入って段ボール箱に収まり、海外市場に輸送するための荷台《パレット》に載っているはずだった。どうしたらいいのか？

ロジャーはパレットの出荷を停止すると決めた。彼は部下たちに混じって二時間かけて「いまいましいリンゴ」を探した。リンゴが見つかったとき、一部始終があまりにバカバカしく思えたため、全員がいっせいに爆笑した。この忌まわしいリンゴは、操業停止を控えた最後の数カ月間、工場内で伝説のように語り継がれた。

ロジャーはなぜこのような措置を取ったのだろうか？　リンゴを放っておくこともできただろう。事実、この積み荷が地球の裏側へと旅して顧客の手元に届くころには、工場はすでに閉鎖されているはずだった。しかし、ロジャーにとって何にも増して大切なのは、尊敬されるリーダーでありつづけることだった。もし、この一見したところ小さな問題で筋を通さなかったら信頼を失い、その結果、ただでさえ困難な工場閉鎖をリーダーとして乗り切るのがいっそう難しくなるはずだった。

ロジャーと同じくわたしたちはみな、何が有効な手立てかについて自分なりの考えを持っている。それは、これまでに手に入れたお気に入りの助言、決まり文句、人生の指針となる格言などだろう。知恵を働かすというのは、こうした寄せ集めの発想や仮定をもとに、一貫性のある考え方を生み出すことだ。こうした考え方を本書では自分流のリーダーシップ・モデルと呼ぶ。

リーダーにとってリーダーシップ・モデルを築き上げるのは、最も省力化とストレスの軽減につながる、実際的な取り組みである。なぜなら、タッチポイントであなたがより明快な考えを示せば、相手は、あなたがどうテーマに取り組むのか、どのような指示を出すのか、憶測に無駄な時間を費やさずにすむからだ。相手は、たいていはあえて聞かなくても、あなたの判断や行動を自信を持って予想できるようになる。この結果、相手は自律性を高め、あなたは考える時間を増やす。

タッチポイントで効果的にリーダーシップを発揮するには、あなたならではの状況にぴたりと合った、みんなのやる気と成果の向上につながるモデルが必要となる。リーダーは一人ひとり異なる状況に置かれているため、モデルもおのおの異なる。このためここでの目的は、筆者たちの考え方を取り入れてもらうよりもむしろ、あなたが独自の答えを見つけ出すよう後押しをすることだ。普遍的な真理を探り出してそれに光を当てる必要はない。ただ、自分の仕事のやり方について、以前よりも役に立つ説明を探しつづける必要があるのだ。

リーダーシップ・モデルが行動の指針となる

問題について考え抜いて対処法を見つけ出す際には、いつでもリーダーシップ・モデルの出番である。モデルを効果的なものにする秘訣は、ものごとの本質についてたゆまず理解を深め、その理解をよりどころにすることだ。たとえば、ダイエットに挑戦しようとする場合はまず、どういう発想で取り組むかを決めなくてはならない。高タンパクまたは低脂肪のダイエットを始めるか、炭水化物の摂取を控える。食事は変えずに運動を増やす。カロリーを必要最小限に抑える……。異なる手法を組み合わせるのも一案だろう。

どのモデルも、「消費カロリーが摂取カロリーを上回れば体重が減る」という人間生理学の同じ理解にもとづいているが、結果は異なる。減量のペースが速いか遅いか、すぐに結果が出るか長く効果が続くか、無気力になるか活力が湧いてくるか。体重を減らしてその状態を保つには、自分の目標、ライフスタイル、体格、健康状態などに適した、独自のモデルをつくる必要がある。

同じようにリーダーシップをめぐっても、人間性と変化の本質についての十分な理解にもとづく発想が求められる。やはり数多くのアプローチが考えられる。たとえば、すべてを自分で決めて部下に指示する。部下自身による決断と行動を助ける。競争心あるいは協調精神のどちらかを植えつける。失敗した部下を罰する環境、あるいはリスクをとった部下を誉める環境、どちらかをつくる……。それぞれのアプローチは独自の理屈にもとづいていて、異なる結果を生み出すだろう。他人のダイエット計画があなたにぴったりな可能性が低いのと同じように、他人のリーダーシップ・モデルがあなたの状況に申し分なく当てはまるとは考えにくい。

意味あるモデルを持っていれば、ほんの一瞬のタッチポイントを活かして、大いに相手の力になることができる。というのも、そのようなモデルは、あらゆる事実や感情をふるいにかけ、理に叶った方法でテーマを組み立て、優れた判断を下すのに役立つからだ。しかも、しっかりしたモデルがあれば、どのタッチポイントでも同じ姿勢を貫ける。すると、相手はおおもとの理屈をつかみ取るほか、あなたの決断を理解して他人にそれを説明しやすい。

世の中に溢れるリーダーシップ・モデル

あなたはこれまでのキャリアのなかで、おびただしい数のモデルやフレームワークに出遭っただろう。最新のビジネス書や『ハーバード・ビジネス・レビュー』の論文をひも解けば、いつでも未知のリーダーシップ手法と出会える。あなたは、「世の中には優れたアイデアがたくさんあるのに、なぜそのなかのひとつを取り入れないのか」と疑問に思うかもしれない。

理由のひとつを述べよう。深刻な遅れや言い訳しようのない過ちをどうにかしなければならない重大な局面では、真っ先に思い浮かぶのは「マネジメントの達人ケン・ブランチャードだったらどうするか」ではない。むしろ、わたしたちは無意識のうちに、リーダーシップに関する自分の考え方に従うものなのだ。

もうひとつ理由がある。品質管理の草分けであるジョージ・E・P・ボックスが述べているように、「一部に有用なものもあるにせよ、すべてのモデルは間違っている」のだ。[*1]
リーダーシップを究めたコナンでさえ、自分にぴったりのモデルを見つけ出してはいない。なぜなら、モデルや理論はいずれも、彼の人間性や置かれた環境を加味せずにつくられているからだ。

考えてみてほしい。まったく別の状況でつくられたリーダーシップ・モデルがあなたにぴったりだとすれば、驚くべき偶然ではないだろうか。

＊1 George E. P. Box, "Robustness in the Strategy of Scientific Model Building," in R. L. Launer and G. N. Wilkinson, eds., *Robustness in Statistics: Proceedings of a Workshop* (New York: Academic Press, 1979), p. 40.

とはいえボックスは、汎用的なモデルは有用だとも述べている。だからこそわたしたちは名著を熱心に読み、最新の研究やイノベーションについて知ろうとするのだ。そのうえで、最も有望そうな考え方を検討し、そこからひらめきを得て、自身のリーダーシップ・モデルを築けばよい。

コナンもこうして、キャンベルのリーダーシップ・モデルをつくり上げた。

キャンベルのリーダーシップ・モデル

コナンは、キャンベルに相応しいリーダーシップ・モデルを生み出すために、何年も前から共感し有用だと感じていた古典、すなわち、ウォレン・ベニス、スティーブン・コヴィー、ジム・コリンズ、マーガレット・ウィートリー、ジョン・コッターなどの著書からヒントを得た。そのうえで、長年にわたる自分の経験や、困難きわまりない経営再生を可能にした要因について考えをめぐらせた。その途上では思いつきをさっと書きとめ、部下たちと議論することもあった。

準備が整うと、コナンは経営幹部とともにキャンベル・リーダーシップ・モデルをつくり上げた。これは六つの要素を円状に並べたモデルで、「信頼を呼び覚ます」から始まって、「卓越した結果を出す」でいったん完結する。卓越した結果が生まれると、それを裏づけとしてさらなる信頼が呼び覚まされ、好循環が繰り返される。

このモデルは、厚い信頼につながる行動を重視している。この背景には「キャンベルのリーダーが、従業員から最高のアイデアや熱意を寄せてもらおうとするなら、まずは彼らの信頼を勝ち取らなくてはいけない」というコナンの信念があった。

キャンベル・リーダーシップ・モデルは完成して検証を経た後、リーダーたちにとって、タッチポイントでの考え方や行動の助けとなる、かけがえのないものとなった。リーダーたちは、相手の話をじっくり聞いてすぐにテーマを見極め、それが信頼、指示、協調などのどれと関係が深いかを判断する。共通の言葉を使っているから、焦点となっている分野

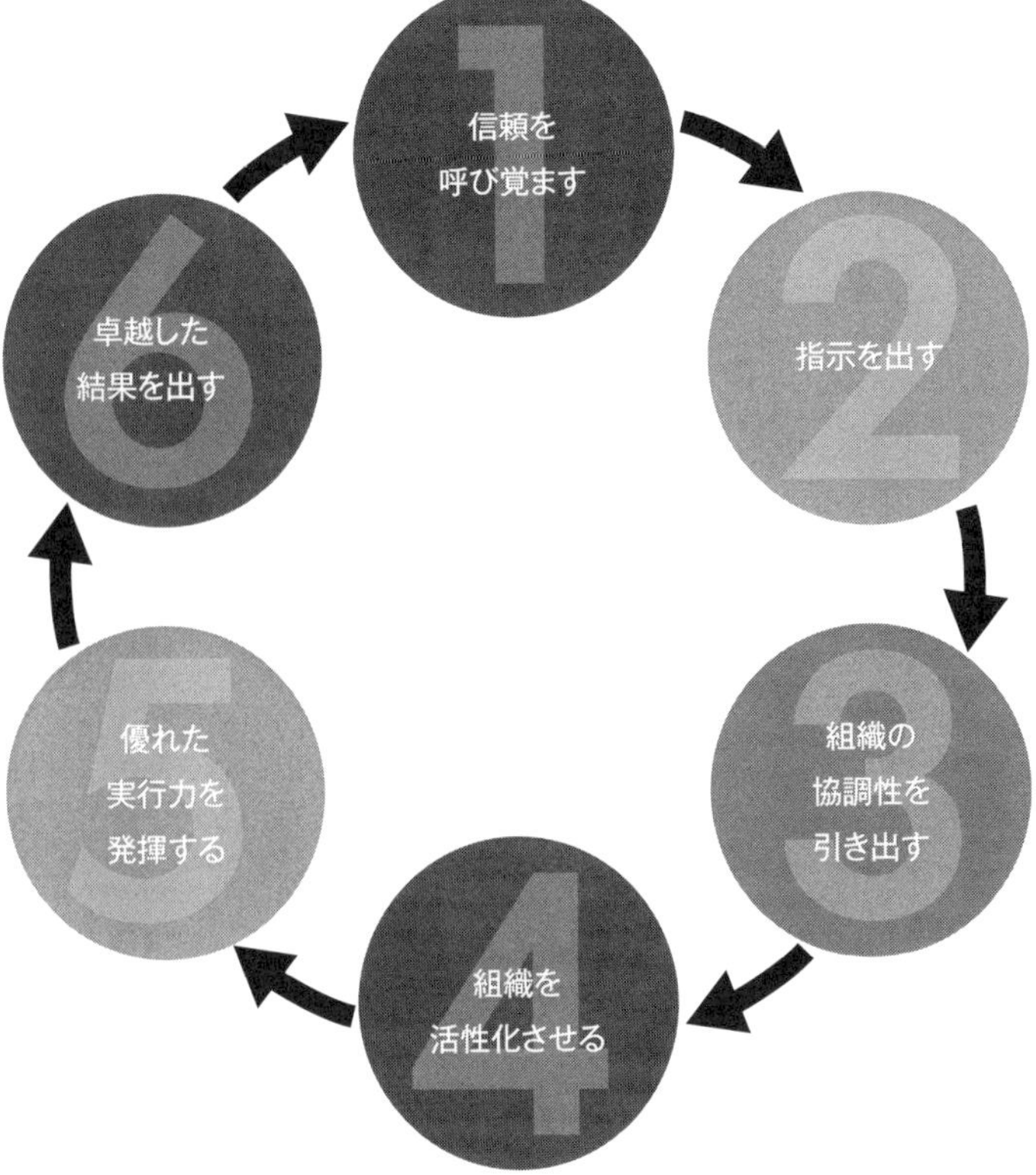

キャンベル・リーダーシップ・モデル

に照準を合わせて相手とともに最善の解決策を探り出せる。

キャンベル社内でこのリーダーシップ・モデルが広く使われる様子に接して、「この会社のリーダーは自分流のモデルをつくる必要はない」と思う人もいるかもしれない。だが、コナンと配下のチームが築いたモデルは、全社を視野に入れたものである。

全社の舵取りを担う以外のリーダーは、自分の頭で考えて、自分に適した、事業部や部門ならではのニーズに応えるモデルをつくる必要がある。法務、マーケティング、業務運営といった各部門の責任者は、自分なりの発想から出発して、それぞれ大きく異なる現実に直面するため、人材と変革にうまく対処する独自の方法を各自見つけなくてはならない。当然のことながら、どの部門も全社の一部である以上、肝心な点では自分のモデルと会社のモデルを整合させる必要も生じる。

CEOインスティチュートの参加者は、まずは世の中にある最高の考え方を学び、そのうえでリーダーシップ・モデルをつくり上げる。具体的には、数々の本や論文を読み、世界のビジネスリーダーらが集まる会合に出席した後、最も共感できる考え方について討論を行なう。それを終えると、リーダーシップの本質をめぐる二つの問いへの答えを探り、すべてを動員して、自分なりのリーダーシップ・モデルの素案をいくつか用意する。

次に、各自が全員の前で素案を説明する。素案はそれぞれ異なる個性を持ちながら、筋

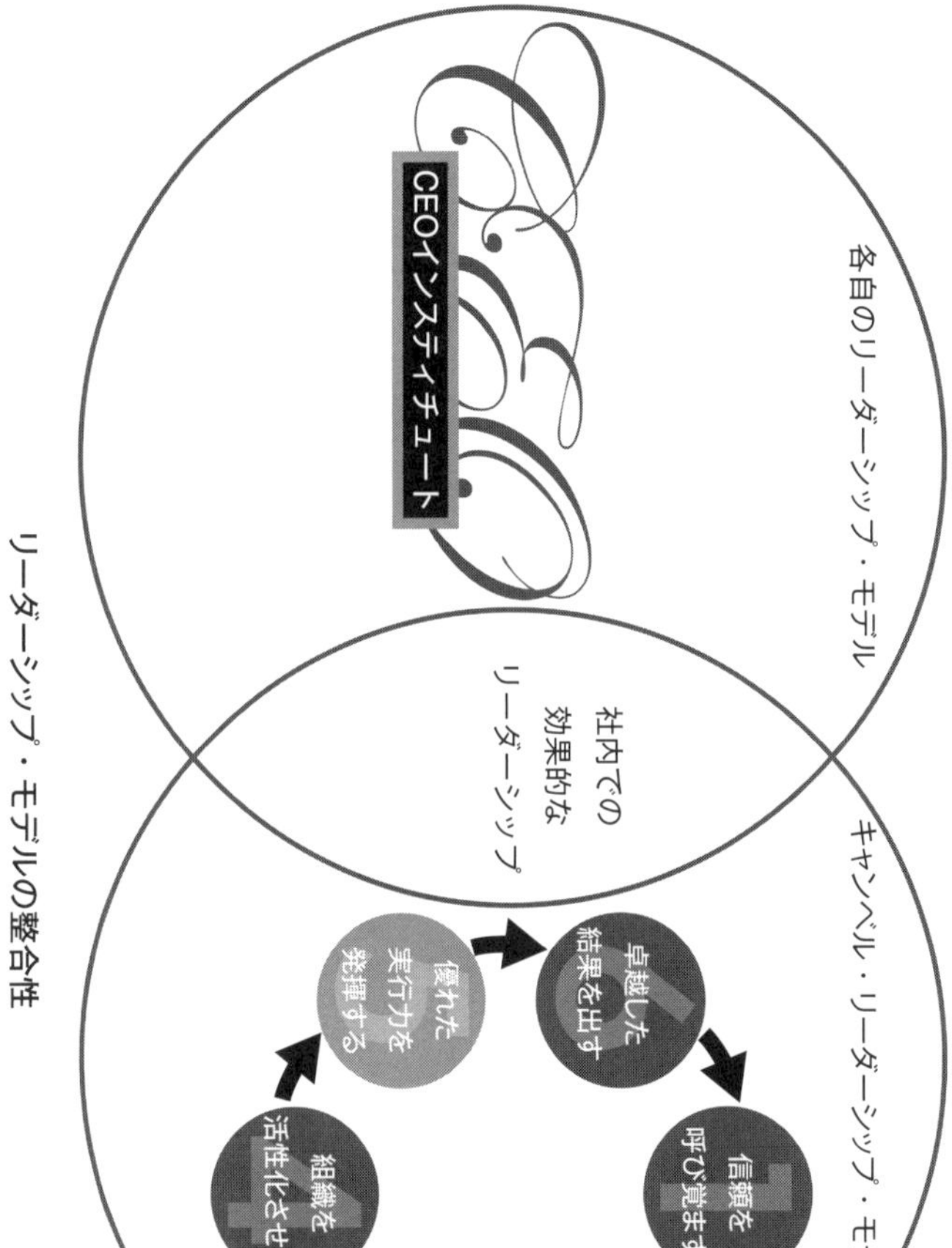
リーダーシップ・モデルの整合性
各自のリーダーシップ・モデル
CEOインスティテュート
社内での
効果的な
リーダーシップ
キャンベル・リーダーシップ・モデル
信頼を
呼び覚ます
指示を出す
組織の
協調性を
引き出す
組織を
活性化させる
優れた
実行力を
発揮する
卓越した
結果を出す

自分のリーダーシップ・モデルをつくる

の通ったものばかりだから、とてもワクワクさせられる。

探求への誓い

自分自身のリーダーシップ・モデルをつくる第一歩は、自分がどういった前提を置いているか、つまり人材や成果について直感に近いレベルでどう考えているかを自覚することだ。こうすると、その前提がどれくらい役に立つかをはっきり確かめられる。

次に、さまざまな知恵の泉からひらめきを得たり、自分の経験を振り返ったりして、リーダーシップの本質をめぐる二つの問いへの答えを探り出す。

最後に、自分の答えを意味ある形でまとめる。最高の考えを集めてきて従来の経験と結びつけ、自分に合ったアイデアへと練り上げるのだから、いわば、iPodならぬ「着想の壺《アイデアポッド》」をつくるわけだ。

言うまでもなく、リーダーシップ・モデルの中身は常に一定ではなく、むしろ反復的なプロセスをとおして練り上げていくものだ。

何かテーマにぶつかるとモデルをもとに対応する。次に、いったん状況から距離をとって、できるだけ客観的な分析を行なったうえで必要な修正を行なう。ふたたび現場の最前線に飛び込んで修正モデルを試し、効果のほどを確かめる。これでこそ探求への誓いを果たしたといえる。

暗黙の前提を考える

まずは、リーダーシップにまつわる自分の前提をあぶり出して、その効果のほどを見極める必要がある。ひとつの方法として、どんな比喩や類推に心ひかれるかを考えてみるとよい。以下に、ごく一般的なものを挙げる。読みながら、自分がどれに共感するかを探ってほしい。

戦争。何十年ものあいだ、戦争の比喩はリーダーシップの分野で非常によく用いられていた。事実、ハーバード・ビジネススクールはある時期、アメリカ産業界の将校クラスを送り出す、産業界の陸軍士官学校《ウェスト・ポイント》になぞらえられていた。教授たちは「部隊を招集する」「丘を攻略する」「戦略的な壕《ほり》を掘る」などの表現を用いていた。そして、「戦略」や「戦術」という言葉をビジネス用語として広く定着させた。起業家は人に負けまいと「ゲリラ戦術」を研究し、「すみやかに動き、攻撃を一点に集中して勝利を収める」方法を学んだ。

スポーツ。リーダーシップは、スポーツの例を引き合いに出しながら語られることが多い。スピードと忍耐、強引さと繊細さ、初志貫徹と適応など、何の必要性を強調したいかに応じて、困難な課題を「短距離走の繰り返し」や「マラソンの連戦」に喩えたり、バスケットボール・チームの「逆転勝利」について語ったりする。

創造性と共同体《コミュニティ》。ハーバード大学が競争重視の手法を唱えたのに対して、ペンシルベニア大学ウォートンスクールは協調性と創造性の利点を広めようとした。この路線に同調するリーダーは、「つくる」「築く」「演じる」「力を合わせる」などの表現を交えながら、劇の上演や納屋の棟上げ、近隣地域の活性化には何が必要かといった話をするだろう。

ハリウッド。暫定チームを率いる機会が増えるにつれて、リーダーの多くはハリウッドの手法に魅力を感じている。たとえば「プロデューサー」は、「スターの威光」を借りて「適材」を引き寄せる。映画のクランクアップまでは全員が昼も夜もなく働くが、作品が完成するとチーム全体が解散する。

旅と冒険。数多くのリーダーが目的を果たすまでの道のりを「旅」になぞらえる（本書でもこの比喩を使った）。困難な偉業をシルクロードの旅やエベレスト登山と引き比べ、大きな節目を里程標と呼ぶ。

進化。進化のプロセスからひらめきを得るリーダーもいる。自然界で多様性、実験、余剰性をとおして「適者生存」が図られる様子を、成功に向けた組織の取り組みに活かそうとする。興味深いことに、最近の軍隊でも自然界に倣った表現を使う人が多い。テロリスト「細胞」の掃討に向けた動員、「群れをなしてのいっせい攻撃」などがこれに当たる。

以上のどれが、リーダーシップに関するあなたの考えに最も近いだろうか？　どれに最も共感できるだろうか？　各事例の背後にある前提についても考えてほしい。それぞれの事例は、次の各組み合わせのどちらをよりどころとしているだろうか。

競争と協調
相手への指示と奨励
急激な拡大とゆるやかな進化
効率性の追求と共同体の構築

大多数のリーダーは、各組み合わせのどちらか一方を好む傾向がある。もしあなたもそうなら、それは強い好みだろうか。それとも、どちらにも違和感を覚えないだろうか。単純化のしすぎをおそれずに述べるなら、これら各組は、二つの違った世界観、つまり動機づけや変革をめぐる二つの異なる考え方に対応していると見てよい。各組の最初の言葉を使ったストーリーにひかれるなら、テーマと人に関する攻撃型の考え方に傾いていそうだ。二つめの言葉にもとづくストーリーを好むなら、適応型の手法を取り入れているだろう。

それぞれの基本姿勢がタッチポイントにどう反映されるかを知るために、二つのシナリオを検討しよう。人々の意欲をかき立てるシナリオと、変革を指揮するシナリオである。

意欲の喚起。最前線の従業員が、顧客一人ひとりの目を見て挨拶するのではなく、インスタント・メッセージに気を取られている。しかも、それが日常茶飯事なのだ！　こんな状況が起きていたら、どう対処するだろうか？

攻撃型の視点（「人は自己利益を追求する合理的で経済的な生き物だ」という前提に立つ）によれば、これは単純な「アメとムチ」で解決できる。問題の従業員を叱りつけるか、新しい手法で気をひいて相手の行動を変えようとするだろう。適応型の視点（「人間は利他的だ」という前提に立つ）では、この従業員は仕事に意味を見出す必要があるだろう。

あなたがこの視点に立つなら、相手を呼び寄せて、どういった振る舞いが期待されているか、なぜそれが大切なのかを諭すと思われる。

ただし、第三の道として、どちらのステレオタイプも避けるというやり方がある。両方の手法を土台にして、今の任務を果たすと同時に、次に向けた能力を培うのだ。

変革の指揮。次に、変革を率いる際に、これら二つのステレオタイプ的対応がどう活きるかを見てみよう。新サービスの開始が遅れてばかりいて、これにどう対処するかが会議の議題になっているとしよう。この場合、攻撃型のアプローチでは、現状を分析し問題点をえぐり出したうえで、設備あるいはチーム・リーダーの入れ替え、研修やリソースのテコ入れ、評価尺度の変更などの対策を打ち出すだろう。

これに対して適応型のアプローチでは、人間関係や情報の流れに注目して、仕組み全体の理解に努めるだろう。この場合、チームどうしの関係の強化、非公式のリーダー役の任命、将来に向けたより魅力的なシナリオの作成などの判断がなされるはずだ。

しかし、なぜ一方のアプローチに絞るのか？　まずは抽出した問題点を改め、次に、より根深い仕組みそのものに対処する、といった解決策もあるのではないか。

「リーダーの鑑」「リーダーの指南役」としての筆者たちの長年にわたる研究や経験からは、ひとつはっきりしていることがある。リーダーは決定的な瞬間に、攻撃型や適応型ではなく、統合型のアプローチに従う必要があるのだ。人々を利己的か利他的、競争的か協調的のどちらかに分類しても意味がない。わたしたちは両方の性質を併せ持っているからだ。

同じく、機械のように動くべきか、それとも生命体のように進化すべきか、といった組織についてのとらえ方も間違っている。効率と共同体的な姿を両立させる方法があるというのに、なぜ可能性を狭めてしまうのか？　事実、二面性は自然なものであり、その二面性が生む創造的な緊張関係にこそ、往々にして解決策が潜んでいる。

興味深いことに、統合の発想は何世紀にもわたって知恵と結びつけられてきた。例を挙げよう。古代の老荘思想は、攻撃型の「陽」と適応型の「陰」を、対照的でありながら互いを補うものととらえ、これらが組み合わさって全体を形成すると考えていた。どちらかに偏りすぎて他方をなおざりにするのは健全ではない。両方をダイナミックに統合してこそ健全だといえる。二つの動きを理解することから知恵が生まれる。ピーター・センゲは『学習する組織』（英治出版）でこれを「変化のダンス」と呼んでいる。

二つの本質的な問いに答える

リーダーであるあなたの役割は、部下を現状から今後求められる状態へと、できるかぎ

りすみやかに、後戻りしない形で引き上げることだ。このためには、「素材」と「プロセス」の両方に習熟しなくてはならない。

陶芸家は自分が扱う素材（粘土）と、それを使って実用的で壊れにくい陶器をつくる方法（プロセス）に通じていなくてはならない。これと同じくリーダーも、自分の「素材」（人材の資質、熱意、創造性、関与など）と、そこから成果を引き出す方法を知っていなくてはならない。

これらの基本と、それが文化や環境にどう当てはまるかを理解するには、本質にまつわる次の二つの問いに、自分なりの答えを見つけ出す必要がある。

問い１　人々が全力を尽そうとするのはなぜか。
問い２　変化の絶えない世の中で成果を向上させていくにはどうすればよいか。

これらの問いの答えを探り出すのは、砂金の選りわけに似ている。

ふるいにかけて、粘土やゴミ、木の根、苔、小石のなかからまぎれもない金塊、つまり、人間性や変化の本質にまつわる本物の英知を見つけるのである。これは骨の折れる仕事だ。なのに、なぜそんなことをするかというと、ものごとの本質を理解すれば、それだけ成果が高まるからである。

最高の思想に学ぶ

最初は、学者や実務家の研究、マトリクス、モデルのなかから、自分にとって有用なものを借りよう。長年にわたって映画を観て、伝記を読み、講演を聴くなかで出会った、絶大な英知を思い起こすとよい。後から活かせるように、それらの金言を書きとめておこう。

自分の経験について考える

あなたは、人々がどんな理由で全力を尽くそうとするか、また、リーダーである自分はどうすれば最高の成果を生み出せるかについて、リーダーとしての経験からすでに多くを学んできたはずだ。経験をとおして学んだ中身を、自分のリーダーシップ・モデルに反映させるべきだ。

「人々が全力を尽くそうとするのはなぜか」を考える際には、動機づけの要因は人それぞれだと思い起こそう。あなた自身が全力を振り絞ったのは、必死にボーナスを稼ごうとしたとき、誰かの尊敬を得ようとしたとき、あるいは厄介な問題の克服に闘志を燃やしたときかもしれない。だが、こと動機づけに関しては、自分が金銭、称賛、勝利、挑戦などに惹かれるからといって、他人も同じだと思い込まないよう、注意したほうがよい。

肝心なのは、あなたが何に夢中になるかではない。みんなが心の底から全力を尽くそうとするのはなぜか、なのだ。あなたの部下について考えてほしい。一人ひとりの顔を思い浮かべながら、本気を出す理由を数え上げてみよう。安心感、昇進のチャンス、それとも新しいことを学ぶ機会だろうか？　各人のやる気を失わせる要因は何だろう。過大なプレッシャー、失敗のおそれ、それとも張り合いのない仕事だろうか？　チーム全体ではどうか？　チームはどんなときに全力を尽くすだろう。つまり、うまく連携し、励まし合い、チームプレーをとおして成果をあげようとするのは、どんなときだろう？

自分や他人の動機について考える際、あなたの最も貴重な知恵は何だろうか？　将来性溢れるリーダーを指導するなら、相手にどんな貴重な知恵を授けることができるだろう？　みんなのやる気を燃え立たせる方法について、どんな助言をするだろうか？

次に、「変化の絶えない世の中で成果を向上させていくにはどうすればよいか」という二つめの問いを取り上げよう。あなたは、実績をあげ、それを何度も繰り返すことについて、どんな教訓を学んだだろうか？　チームの一員として、劣勢にありながら、あらゆる予想に反して勝利をもぎとった経験があるだろうか？　もしあるなら、何が奇跡をもたらしたのか？　最初から花形チームに加わったのなら、チームが成果トップの座を保った主因は何か？　コスト削減や解雇を担当させられた経験は？　そういった経験があるなら、勇気と思いやりについて何を学んだか？

これら問いの答えを探るには、これまでに出会った最も有能な上司や同僚を思い起こしてみるのも一案だ。彼らは重要施策にどう取り組んだか？　気運を盛り上げて成果を生み出すために何をしたか？　今の任務を成し遂げると同時に、次への能力を育てることについて、どう考えていたか？　逆に、これまで出会ったリーダーのうち、活力ある仕組みや社風を受け継ぎながら、それを台無しにしてしまった人について考えてみるのもよい。何を他山の石としたか？　決定的に重要な教訓は何か？

これら知見のエッセンスを抜き出して短い指針としてまとめ、新米リーダーが重要施策で好調なスタートを切って波に乗れるよう、後押しをしてはどうだろう？

準備から本番へ

素案をつくる意義は、とっておきのアイデアを形にできる点にある。秘訣は、数多くの

アイデアを次々と試してダメなものを除く、という作業を繰り返すことだ。

リーダーシップ・モデルの素案をつくると、具体的な叩き台ができるから、それに磨きをかけて、わかりやすく首尾一貫した効果的なモデルに仕上げればよい。狙いは、ナプキンの裏側に書いて誰かに説明できるくらい簡潔なモデルにすることだ（この章ですでに紹介したキャンベルのリーダーシップ・モデルはその一例である。他の事例については、www.conantleadership.comをご覧いただきたい）。

自分の知見について考える

素案づくりを始めるに当たっては、攻撃型、適応型、統合型それぞれの視点、さらに、本質にまつわる二つの問いへの答えをじっくり考えよう。そして、思いついた中身を記していく（付箋紙にメモすると便利だ）。

この段階ではあまり頭をひねりすぎずに、思い浮かんだことを何でも書き出そう。以下のような例が考えられる。「成果をそのつど記録する」「失敗しないのは、難しい仕事に挑戦していないから」「変革の牽引役になるのは無鉄砲な人が多い」「みんなの行動に手を差し伸べよう」「胸襟を開いて信頼に応える」「威勢がいいのはよいことだ」「みんなを信頼する」

思いついた中身をすべて書き終えたら、考えやアイデアをグループ分けする。人間関係を扱ったものや、結果に焦点を合わせたもの。人々の性格に関するもの、能力にまつわるもの。安定の必要性を重視したもの、変革の重要性を強調したもの……。はっきりした分類が見えてくるまで試行錯誤しよう。

素案の作成

次に一歩引いて、アイデアどうしがどう関連しているかを考えよう。このステップは欠かせない。これがないと、アイデアの論理的なまとまりが得られず、単なる羅列で終わりがちだからだ。グループは階層構造のような形で互いにつながっているかもしれない。ベン図のように重なり合っているかもしれない。円形、同列関係、あるいはらせん形のような関わり合いもあるだろう。数式に表される場合さえありえる。楽しみながら、さまざまな可能性を試してみるとよい。

アイデアどうしのつながりを十分に理解したら、リーダーシップ・モデルのおおまかな素案をいくつか手短に書いてみる。書き終わったらそれを眺めて、気に入る点を見極める。理に叶っていると思えるものができるまで、次々と書いていく。

自分のリーダーシップ手法を正確に表すと思える素案ができたら、それを他の人に説明できるかどうかを試そう。友人やつれあい、同僚など、気の置けない相手をつかまえて、五分か一〇分ほどモデルについて説明する。初めは口ごもってぎこちないと感じるかもしれないから、相手を変えて何回かやってみる必要がある。この時点でどうにもノリがよくないなら、前のステップに戻ってさらにいくつかの素案をつくり、すべてがしっくりくるまでこれを繰り返そう。

本番への準備完了

自分のモデルを歯切れよく説明できる自信がついたら、日ごろ信頼できる意見を寄せてくれる先輩や同僚一、二人に聞き役になってもらおう。そして、どう感じたかを教えてくれるよう頼むのだ。たとえば次の点について尋ねてはどうだろう。モデルはわかりやすく首尾一貫しているように思えるか。筋が通っているか。アイデアやアイデアどうしの関係に穴はないか。遠慮ない意見を求めよう。何といっても、役に立つモデルが欲しいのだから。

「モデルはわかりやすく首尾一貫している」と確信できたら、本番の準備、つまり上司や部下ほか、ともに働く人々にモデルを説明する準備が整った。このモデルがあれば相手は、あなたが人々について、そして変革の指揮についてどう考えているか、大切な瞬間にあなたが下す判断の根拠が何か、理解しやすくなる。しかも、彼らがあなたのアイデアを別の誰かに説明するのも容易になる。

一貫性と柔軟性を兼ね備える

充実したモデルができたら、ぶれずに実行しなくてはいけない。ダイエットに失敗するのはたいてい、減量メニューをしっかり守れないからだ。メニューが悪いせいに違いないなどと思い、それを投げ捨てて別のメニューを試すが、往々にして前回と同じく成果はパッとしない。これと同じく多くのリーダーが、自分のリーダーシップ・モデルを十分に実行するだけの規律を持ち合わせていない。結果に満足できないとそのモデルを投げ出して、別のマネジメント思想を探しはじめるのだ。だが、考えを練るときだけでなく、実行するときも規律を守らなければ、知恵を働かせたとはいえない。

当然ながら、自分のモデルに修正が必要になる場合もある。リーダーシップの探求を続け、リーダーとしての経験を積み重ねれば、人間と変革の本質をめぐる理解がいっそう深まり、それに応じて、リーダーシップ・モデルの変更を迫られるかもしれない。たとえば、景気が拡大しているときにつくったモデルは、景気が後退しているときには役に立たないとわかるかもしれないのだ。あるいは職務が変わり、それまではオーストラリア人ばかりのチームを率いていたのが、今度はチームの半数が中国人になったとしたら、修正が必要になる可能性もある。

さらに、「将来に備えたい」というのも、モデルを修正する理由になる。スピード、複雑さ、期待、説明責任が増大するなか、人々の意欲を引き出し、変革を加速させるには、より優れた、よりすみやかな方法が求められるだろう。あなたは今後、リーダーシップ手法をどう変えていく必要があるだろうか？　一〇年後ないし二〇年後に大きな組織を率いたいなら、新たに開拓すべきはリーダーシップ手法である。

まとめ

マネジメント理論の先駆者ダグラス・マグレガーは、多くのリーダーの大雑把な発想に苛立ち、「リーダーの大多数は、エンジニアに期待される心の規律を持ち合わせていない」と切って捨てた。たとえば水力発電の技師は、ダムを建設するために水の性質を理解していなければならない。もし、水が上方に流れる前提でダムを建設してしまったら、「水が想定どおりに流れないのが問題だ」などとは誰も思わないはずだ。当然ながら、無能な技師の責任が問われるだろう。

　これと同じで、効果的にリーダーシップを発揮するには、人間と変革の本質を理解していなくてはならない。それなのに経営者やマネジャーは、従業員が変革の取り組みに期待どおりの反応を示さないと、「従業員から抵抗が起きている」などと言い逃れをする。当然ではないか！　変革を進めるもっともな理由がないかぎり、従業員の少なくとも大半は抵抗するものだ。優れたリーダーシップ・モデルは、こうした抵抗の理由を明らかにし、それを乗り越える方法を想定していなくてはならない。

　リーダーたちが苛立つのは、ひとつには、彼らの多くが「長く効果が続く抜本的な変革を引き起こすには時間がかかる」という事実を受け入れていないからだ。あたかも、受胎から出産までに九カ月かかることを信じずに、九人の女性を週七日二四時間体制の病室に入れて、一カ月で出産するよう発破をかけるに等しい。そして、それが功を奏しないと、「ボーナス額を増やしたり、仕事場にペットを連れてくる許可を出したりしたらどうだろう？　そうすればうまくいくだろうか？」などと考えるのだ。

熱意やリソースを上手に使う秘訣は、ものごとの本質に逆らうのではなく沿うことだ。だからといって、試行錯誤を避けるべきだというのではない。むしろ、型破りなアイデアのなかにはリーダーシップの突破口を開くものがあるため、それを試すのは健全なことだ。それに、改善の余地が大いにあるという現実を直視しようではないか。今日の平均的なリーダーは、人々から全力での献身を引き出すという点では、並みの成績でしかない。[*2]

＊2　タワーズワトソンは、二二の市場で二万人超の働き手を対象に調査を行なった（「タワーズワトソン二〇一〇年グローバル従業員意識調査」）。その報告書によれば、会社への貢献に非常に意欲的な人は二一％にすぎず、まあまあ意欲的なのは四二％、しらけているか積極的に手を抜いている人は併せて三八％だった（四捨五入したため、合計しても一〇〇％にはならない）。

しかし、魅力的な新規プログラムを本格的に取り入れる前に、実験をすべきだ。試行をしてデータを分析するのである。みんなが期待どおりに行動しなかったら、苛立つのではなく好奇心を抱くとよい。「面白いじゃないか。どうしてこうなるのだろう」と自問して、世の中がどう動くかについて、もっと役に立つ説明を探すのだ。

アインシュタインは、「疑問を抱くことも、驚嘆することもなくなったら、生きた屍である」[*3]という言葉を残している。活力満点でリーダーシップを発揮するには、好奇心を持ち、的を射た問いを投げかけ、独特の文化や状況のもとで自分に役立つ手法を見つけ出す必要がある。

そう、探求に心血を注ぐのである。

＊3　Albert Einstein, The World As I See It (New York: Philosophical Library, 1949), p.5.（このエッセーは、http://being.publicradio.org/programs/einsteinsethics/einstein-theworldasiseeit.shtmlで閲覧可能）。

第4章

仕事に感情を交えるのが、本当に勇気ある行動だ

——ハートを活かす——

リーダーのなかには「私情は交えない、ビジネスなのだから」と発言する人もいるが、信じてはいけない！　強さを示すには、頭とハートの両方で厳しい姿勢を見せる必要があるという主張だろうが、実際は逆である。仕事に感情を大いに交えるのが本当に勇気ある行ないというものだ。つまり、仕事を気にかけるだけでなく、一緒に仕事をする人たちへの思いやりを忘れないのである。筆者たちの考えでは、ハートを活かすと、テーマについてよりよい判断を下し、みんなとの絆を深め、リーダーとしての威信を強められる。

頭とハートの両方を活かして人々を率いる

タッチポイントで迫られる判断のなかには、迷う余地のないものもある。最高のデータを入手し、分析を行ない、決断をするのだ。ただし、たいていの場合、数字データだけを考慮したのでは足りない。たとえ数字からはそつがないと判断されても、正しい行ないとはいえない例さえある。このような場合は、直感に従って信念を貫く必要がある。賢明な判断を下すには、頭とハートの両方を活かさなくてはならない。

現実のシナリオをもとに考えてみよう。ジョン（仮名）は先ごろ、多国籍企業のサプライチェーン担当副社長になった。就任の四カ月後、管轄下のある工場の従業員が急死した。

労災の可能性もゼロではないが、十中八九は深刻な慢性病が原因だと見られた。

ほどなくジョンは、ＣＦＯ（最高財務責任者）、保険部門を統括する副社長との電話会議に参加した。保険を担当する副社長の話では、くだんの従業員の死因から考えて、補償請求を退ける選択肢もあるという。「請求を退ければ、一〇〇万ドルの控除免責額の支払いを避けられます」。予算引き締めの折、一〇〇万ドルは馬鹿にならない金額である。

理屈のうえでは、補償請求に応じない構えをするのが筋だろう。あなただったらどうするだろうか？

かつて工場長を務めていたジョンにとって、これは理屈ではなく信念の問題だった。

「工場長は毎日、工員に顔向けできなくてはいけません。日曜日のたびに教会で亡くなった従業員の奥さんと顔を合わせなくてはなりません。補償金は支払う必要があります」

ＣＦＯもジョンの判断を支持した。この決定については、工場の安全責任者たちが他の工場の仲間に話して聞かせたから、すぐにクチコミで広まっていった。こうして、後にジョンが他の工場を訪れた際には、工員たちが彼を呼び止めて、英断への感謝を述べた。ジョンは重大な局面で心の声をもとにリーダーシップを発揮したため、工員たちの信頼を勝ち取り、タッチポイントの絶大な波及効果の恩恵に浴した。

ハートを活かすといっても、常に人のためを思って判断を下すという意味ではない。心を鬼にして何かを決めなくてはならないときには、それが関係者にどう影響するかを肝に銘じておくのだ。このような意識があると、厳しい個人評定を下すのが大きな苦痛になりかねない。

コナンもある年度の終わりにこのような状況に直面した。景気が厳しさをきわめていたうえに、コナン自身もひどく深刻な交通事故に遭っていた。何カ月ものあいだ他の経営陣が穴埋めをしてくれていた。彼らは素晴らしい働きをして、ほぼ予想どおり、あるいは予想を上回る業績をあげていた。ところが、コナンが取締役会とともに詳しく調べたところ、業績は同業他社の平均に満たなかった。

「本当はもっとよい業績を出せるはずだったし、出すべきだった」とコナンは思った。彼を何より悩ませたのは、業績が業界平均に達していないにもかかわらず、予想を上回ったからといって、経営陣が部下たちに平均以上の評定を与えようとしていることだった。

「心の葛藤は凄まじいものでした。わたしが入院しているあいだ、彼らは難局を乗り切るために仕事に打ち込んでくれました。そして実際に乗り切ってくれたのです！　それなのに、『ありがとう。しかし、業績は悪くなかったが、満足のいくものではなかった』と恩を仇で返すようなことを言うわけですよ。それでも突き詰めるなら、もっと高い業績をあげるべきだったというのが、わたしの見解です」

あなたなら、この状況にどう対処しただろうか？　コナンの決断を紹介しよう。彼は二週間にわたって考えに考えた末、自分と直属の部下一〇人すべてに平均以下の同じ評定をつけた。そのうえで、社内に鮮烈なメッセージを送るために部下たちとじかに膝を交え、話し合いの内容がクチコミとなって全社に急速に広まっていくことを狙った。このような強い合図を発すれば、業績を押し上げる必要性に全員が気づくだろう。

もちろん、ジョンやコナンの決断は、リーダーが一日のうちに下す判断の大多数と比べて、より重要で広い範囲に影響がおよぶものだった。しかし、たとえささやかな判断であってもハートを活かすのが望ましい。

例として、ちょっとしたタッチポイントに際して、社外での合宿形式の会議を月曜からにするか火曜からにするかを決めなくてはいけないとする。判断しだいでは、参加者は日曜に自宅を離れて空港へ向かわなくてはならない。

あるいは、プロジェクトの期限を再検討する必要が生じたとしよう。期限を死守するには、来週はチーム全員が週七日、一日二四時間体制で仕事をしなくてはならず、他方、期限を変更するとなると、交替制で対応してきた同僚たちを落胆させてしまう。来る日も来る日も、何十というこうした小さな判断が、リーダーへの信頼、チームの一員としての誇り、献身の強さに影響をおよぼす。だからこそ、ごくごくささやかな触れ合いの瞬間にも、頭とハートの両方を使うのが望ましい。

他人と本物のつながりを築くには、情報や経験をもとに相手と接するだけでなく、自分自身が真剣にその場に臨まなくてはいけない。最近の従業員は、メディアやコミュニケーションに精通しているから、リーダーが気もそぞろなようだと、遠くからでもそれを感じ取る。会社の上辺や平凡な謳い文句に接しただけでは、心の底から献身しようとは思わない。生身のリーダーの本音を知りたいのだ。

残念ながら、リーダーの多くは本当の自分をさらそうとはしない。本音を出すどころか隠すのである。こんなふうだから、型どおりの関係しか築けず、熱い献身など引き出せない。もっと何とかなるはずである。

ハートをめぐる問いに答える

第3章では、世の中の仕組みに目を向けるために二つの問いを考えてもらった。ここでは、あなたの心情を振り返っていただきたい。そこで、CEOインスティチュートで用いる三つの問いを紹介したい。

問い１　なぜリーダーの道を選ぶのか？
問い２　自分の掟は何か？
問い３　有言実行がどれだけできているか？

ＣＥＯインスティチュートの参加者からは、これらの問いに答えることによって、足場が固まり、手腕が磨かれ、自信が深まったという感想が寄せられている。

「以前は『みんなの期待どおりのリーダーにならなくては』と思っていたのですが、今では自分なりのリーダー道を見つけました」

「『みんなは何を期待しているのだろう』と悩むのをやめたら、仕事の成果が格段にあがりました」

「自分の目的を意識したら、活力が漲ってきたのです」

「ありのままの自分を受け入れたら自信が湧いてきて、それからはものごとがうまく回るようになりました。まわりから評価されることも、チャンスにめぐり合うことも、ずいぶん増えましたよ」

みなさんも時間をつくってこれらの問いを考え、彼らと同じようにリーダー力を高めてはどうだろう。

なぜリーダーの道を選ぶのか?

キャリアの自然な成り行きだから、という理由でリーダーとしての道を歩みはじめる人がほとんどだ。こうした人々は、リーダーの地位から何を得たいかを自覚しており、それはたとえば新たな挑戦、影響力や威光の増大、報酬アップなどである。ところが、何をもたらしたいかはよくわからない場合が多い。リーダーを引き受ける十分な理由は持っていても、目的については不確かなのである。

だがリーダーの仕事は骨が折れる。明確な目的が欠けていたのでは、長時間の激務、果てしない会議、予測や予算をめぐる論争、報告、不満、出張に耐えてまでリーダーでいる意義はあるのだろうか？　起きている時間の多くを、ほかの何にも増して、仕事をしたり、仕事について考えたりするのに費やすだけの価値は、本当にあるのだろうか？　これが望む人生だと心の底から思えるだろうか？

なぜリーダー役を果たしたいのかを自覚しておくと、エネルギーが泉のように湧いてくる。ただ仕事に意味を見出すだけの場合よりも、その泉は深い。一例として、ラテックス製の手袋を販売している人は、病気の感染防止に貢献しているという事実に意味を見出すかもしれない。しかし、だからといって仕事そのものが充足感につながるとはかぎらない。

意味とは、自分の仕事がどこで誰にどう付加価値をもたらすかがわかることであり、まわりとの関係で決まる。これに対して目的とは、きわめて個人的なものである。大きな状況のなかで自分がどこにいるかがわかるかどうか、仕事が好きかどうか、「そう、これが自分の天職だ」と感じるかどうかということだ。

困ったことに、ほとんどの人は自分の情熱や目的を時間をかけて探ろうとしない。仮にしたとしても、うまく言葉に表せない。わたしたちは理屈を説く訓練は積んでいるが、気持ちや感情をうまく表す術を知らないのだ。これらを他人に伝えるのは、詩人、作詞家、劇作家、哲学者の得意分野である。

この探求を、詩人のパメラ・ボール・スターはこう表現した。

高みに手を伸ばそう、星はあなたの魂のなかに宿っているから
深い夢を見よう、夢を見なければ目標は実現しないから

ただし、現実離れした白日夢と現実味のある夢との違いを、肝に銘じておいたほうがよ

い。白日夢を見る人は現実から逃げようとしているにすぎないが、「現実味のある夢を抱く人々は……目を見開いて夢をかたちにするために行動する」[*1]のだ。後者の人々は、わたしたちが生きているのは不完全な世界だと気づきながらも、毎朝目覚めると世の中をよくするために自分にできることをする。

あなたの夢は何だろう？　何が自分の天職だと思うか？

＊1　T. E. Lawrence, Seven Pillars of Wisdom (Ware, England: Wordsworth, 1997), p.7. (Original work published 1922)（T・E・ロレンス『知恵の七柱』東洋文庫）

筆者たちの経験では、リーダーこそ自分の天職だと見なす人々は、部下たちに深く心を砕き、一人ひとりの部下について何時間も語っていられる。人格を形成したのは何か、どう成長してきたか、可能性を十分に活かすにはどうすればよいか——。

このようなリーダーはチームの力関係や、より強力なチームにするための計画などを語る。こうした人々にとって、部下を率いるのは単なる仕事ではなく、それより遙かに大きな意味を持っているのだ。

自分の夢を探り当てるには、あなたを感化しひらめきを与えたリーダーを思い出すのも一案だろう。コナンは大勢を手本としてきたが、その一人セオドア・ルーズベルト（第二六代アメリカ合衆国大統領）についていては、一九一〇年の有名な演説をいまだに暗唱できる。

「名誉を与えられるべきは、実際に闘いの場に身を置く人である。そのような人はホコリ、汗、血にまみれた顔で果敢に奮闘する。味噌をつけたり、十分な結果を出せなかったりすることの繰り返しである。強い熱意や大いなる献身の意味を知り、価値ある目的のために全力を尽す……」

この言葉は、他の数々の言葉とともに、コナンが企業社会で自分の目的を見つけ出す際の助けとなった。彼の目的は、活気が失われて社風が病んだ会社の舵取りを引き受けて、再生させることである。逆境のなかでも繁栄して、批判者の鼻を明かすような世界一流の組織を築いてみせると情熱を燃やしてきた。この目的意識を持って仕事に打ち込もうと決心したのである。あなたはなぜリーダー職を引き受けるのか？

この問いになかなか答えられないなら、「本当はリーダーになりたくないのかもしれない」と胸に手を当ててみよう。大勢の成果に責任を負うのは気が進まない場合もあるだろう。影響力を強めたいと思っていたとしても、それはリーダーとしてではなく、花形従業員、スペシャリスト、自分で選んだ分野の権威としてかもしれないのだ。

ノルガードは何年かリーダーを務めた後、これと同じ結論を引き出した。リーダーの仕事も悪くはないが、自分向きではないと悟ったのである。四二歳にして、自分が本当にしたいのは、他の人々がよりリーダーらしくなって仕事に活き活きと取り組み、みんなが目標を目指して全力を尽す職場をつくれるよう、手助けをすることだと気づいたのだ。

ノルガードの経験では、楽しんでリーダー役をこなす人はその役割を見事にこなし、まわりの人々の人生まで豊かにする。逆に、だめなリーダーは大きな災厄を生み出す。ノルガードが一人のリーダーに影響をおよぼすと、そのたびに数百人、ことによったら数千人の人生が明るくなる。これが彼女の目的であり、情熱を傾ける対象である。

自分の掟は何か?

リーダーは誰しも、守るべき掟、それぞれのタッチポイントに基本的なところで一貫性を持たせるための原則を必要とする。それがないと、カメレオンのように印象が変わりやすい人だと見られるだろう。明快な原則を持っていれば、みんなはあなたの考えや行動を理解できるはずだ。

あなたはこれまでに、タッチポイントで難しい判断を迫られ、出世の可能性を狭めるおそれさえあったにもかかわらず、原則を貫いた例を思い起こせるだろうか? 誠実に振る舞ったとき、正しいと思う行ないをしたときは、どんな気持ちだっただろうか? このようなタッチポイントは、自分をよりよく知る機会になるはずだ。高潔にして百戦錬磨、まわりからの尊敬にも値する、と胸を張れるだろう。

不便やリスクを伴う立場、あるいは自分の利益に反する立場を取ってまで誠実さを貫こうとすると、まわりから「この人は信頼できる」と受け止められる。この章の冒頭で紹介したジョンも、死亡した工員の補償請求に応じると決めたときにこれを痛感した。

掟とは、自分の信じる原則を土台とし、正しいと思う行ないを反映したものだ。掟に従えばやましくないが、これを破ると自分に幻滅する。タッチポイントのさなかに「正しい行ないをしている」と思えない場合も少なくないだろう。特に、自分が不当な扱いを受けているとか、裏切られたと感じているときは、この傾向が強い。そんなときには、明快な掟に従ったり、あなたの最高の美点を引き出してくれる人と一緒に過ごしたりするのが有益だ。

コナンはニール・マッケンナに一生忘れない恩義を感じている。自分の掟を見つけて目標を高く持つ助けをしてくれたからである。コナンはゼネラルミルズで社会人生活をスタートさせた。一〇年ここで勤めた後、当時所属していた子会社が本体から分離され、新たな社主のもとで自分のポストの廃止が決まった。ある朝呼び出しを受け、持ち物をまとめて正午までに会社から去るように、と言い渡されたのだった。

コナンはそのときのことをまるで昨日のように覚えている。「一〇年勤めた挙げ句にこんな結末を迎えるとは！　解雇を言い渡す役目を負わされた男は、わたしの目を見ることさえできなかった」。その日、帰宅したコナンを待っていたのは、妻と二人の幼い子ども、そして巨額の住宅ローンだった。

幸いにも会社を去る前に、再就職あっせんの専門家を紹介された。ニューイングランド地方出身の素っ気ないその人物は、「ニール・マッケンナです。どんなご用件でしょうか？」と電話に出た。コナンが事情を話すと、マッケンナは何日かかけて家族のこれまでを振り返ってから自分のオフィスへ来るように、と言った。

数日後にマッケンナと面会したとき、コナンは解雇にまつわるいくつもの判断にどう対処すればよいのか、葛藤を抱えていた。マッケンナはコナンの話にしばらく耳を傾けてから、「あなたのおじいさんだったらどうしたでしょう？」と問いかけた。コナンは迷わず「自分に有利な選択をしたでしょう」と答えた。不意にコナンは何をすべきかを心のなかで悟った。ささいな判断にいちいちこだわるのではなく、「退社の手続きにあたっては公正な扱いをしてもらえるはずだ」と会社を信頼しようと決めた。会社はその信頼に応えてくれた。

コナンの場合と同じように、「正しい行ない」の多くは幼少時に心に刻まれるものだ。わたしたちは小学校に入る前に早くも、体格で劣る子やガキ大将との接し方、みんなと一緒に何かをする方法、責任を果たすということの意味などを理解していたはずだ。歳月とともに掟の中身は充実していった。先生から、高い価値基準を持っているのは倫理感が強い証だと教わり、監督の助けを得て本当のチームプレーヤーとは何かを知り、上司から仕事の責任を十分に果たすとはどういうことかを示された。

年齢を重ねるにつれてわたしたちは、信じるよう教わった中身を吟味して、自分なりの答えを引き出すようになる。たとえば、小さいころから「『勝つことが大切だ』などというのでは甘い。ひたすら勝利だけを目指すべきなのだ」という格言とともに育った人は、人生のどこかの時点において、すべてを犠牲にして勝利を手にしたとしても、それでは後味が悪いと悟る。「誠実さを貫いて勝利する」のが自分の信念だと気づいたとき、その人の掟は進化したといえる。

タッチポイントに遭遇するつどその掟を持ち出せば、部下は、他者を陥れるのではなく、自分を駆り立てて最高の成果をあげることによって勝利を手に入れるように、というあなたの期待を受け止めるだろう。

一人でじっくり考えると、どういった原則に従って生きるべきかが見えてくる。

自分がはっきりと立場を示したときのことを考えてみよう。なぜそうしたのか？　どんな原則が関係していたか？　どう感じたか？　では、立場を鮮明にすべきなのに、そうしなかったときについては？　どんな原則をなおざりにしたのだろう？　その結果どうなったか？

筆者たちが三〇年間に何千人ものリーダーと接するなかで気づいたのは、タッチポイントを鮮やかにさばく人々は、自分の職業人生よりも、組織やチームへの献身を大切にしているということだ。軍隊では、「一に使命《ミッション》、二にチーム、三が自分自身」と言い慣わされている。

もっとも、まちまちの状況に自分の掟を当てはめるのは必ずしも容易ではない。たとえば、多様な文化の人々が集まったチームで仕事をしていると、ひと口に「名誉を重んじて生きる」と言っても、その意味するところは千差万別だと気づかされるかもしれない。リーダーである以上は、さまざまな解釈を許容しなくてはいけない。

ただし、はっきりさせておきたいのだが、「道徳的に何が正しいかはひとつには決まらない」と主張しているのではない。独善的に振る舞わずに、この状況では何がいちばん公正で誠実で倫理に沿っているのだろうと考えてはどうか、ということだ。

一〇億ドル規模の事業部を率いるクレイトン（仮名）は、ジャマイカからアメリカに異動になった際、この問いの答えを見つける必要に迫られた。彼の掟は他者への深い尊敬を柱としていた。ジャマイカでは、会話が自然に途切れるまでは相手に付き合うのが尊敬を示す方法のひとつである。このためクレイトンは、たとえ次の会議に遅刻したとしても、会話を途中で切り上げないのが正しい作法だろうと考えていた。

ところが、遅刻の受け止め方はジャマイカとアメリカとでは違っていた。彼は最初、「遅刻が多い」と言われてもあまり意に介さなかった。ジャマイカでは遅刻など大したことではないのだ。しかしほどなく、新しい職場の同僚たちが「遅れてくるとは失礼な」と感じていると知った。新しい環境では、自分が育った文化とは異なるしきたりが求められた。クレイトンは自分の掟を変えたわけではないが、他者を尊重して掟を守るためには、時にはタッチポイントを短く切り上げて他の約束に間に合わせる必要もあると悟った。

掟があると、順風のときに自分の見方を貫き、逆風のなかで優位を占めるのに役立つ。成功への近道を選ぼうという誘惑に駆られたときには、掟は特に大切になってくる。残念ながら、卓越した実績を持つ専門家のインタビューからは、「原則にこだわっている余裕などない」と考える人が多いとわかる。[*2]「同業者は手っ取り早く成果をあげる方法を選んでいるから、自分も同じことをする必要がある」と感じているのだ。

だが、この前提は誤っている。繰り返し同じ行動をとっているとやがてそれが習性になるから、手っ取り早いやり方をしているうちに、そういう人間になってしまうのである。

＊2　Wendy Fishman, Becca Solomon, Deborah Schutte, and Howard Gardner, Making Good: How Young People Cope with Moral Dilemmas at Work (Cambridge, MA: Harvard University Press, 2004)

あなたはリーダーなのだから、この影響は大きい。あなたがどういった掟に従うかは、チーム、事業部、会社全体にまで波紋をおよぼすからだ。

ノルガードにはこれに関連した思い出がある。一八歳で母国デンマークを離れてイギリスへ働きに行ったときのことだ。出発の際に父親は彼女の肩に手を置いて、「母国の代表だということを忘れないように。おまえの振る舞いは全部、仲間のデンマーク人に跳ね返るのだ」と真剣そのものの口調で言った。ほんの一瞬ではあったが、受け取ったメッセージはとても重かった。

リーダーであるあなたはチームの代表である。チームに十分に奉仕すれば、「肩に手を置く」権利が生まれ、同じことをしようという気持ちをチームメンバーにも起こさせる。

どれだけ有言実行ができているか？

タッチポイントは一つひとつが小さな試金石である。あなたはみんなに「率直であれ」

と言うだろうが、相手の本音を聞きたいと心から思っているだろうか？「仕事を前に進めてほしい」と言葉をかけたとしても、本当に相手の背中を押しているだろうか？

有言実行を示せば、あなたへの信頼は高まる。もし躓けば、みんなは立ち止まってあなたの次なる行動を注視する。立ち直ってよりよい成果を約束すれば、理解を示してもらえる。リーダーであるあなたは、タッチポイントに遭遇するたびに有言実行を積み重ねていくことを目標にすべきだ。

あなたは有言実行がどれだけできているだろうか？自分に正直になろう。多くの人は自分を買いかぶるものだと、頭に入れておくとよい。世界の一流ＣＥＯのエグゼクティブ・コーチを務め、『コーチングの神様が教える「できる人」の法則』（日本経済新聞出版社）の著者でもあるマーシャル・ゴールドスミスは、五万人以上の人々に、同僚との比較で自分を評価するよう求めてきた。結果は、「自分は上位一〇％に属する」という回答が全体のおよそ七〇％を占めている。[*3] これでは辻褄が合わないのは、誰の目にも明らかだろう。

このような自己評価はどう説明すればよいのだろう？人々は自己像に沿う意見に耳を傾け、それ以外を聞き流す傾向があるのだ。このため、本気で向上を目指すなら、ありのままの自分を見つめる必要がある。率直さを失わないための戦略が求められる。哲学者ラルフ・ウォルドー・エマソンの言葉を借りるなら、「どんな勝負を仕掛けられようとも、自分と勝負してはいけない」[＊4]のだ。

＊3　Marshall Goldsmith, "The Success Delusion," *Conference Board Review*, January-February 2007.（www.marshallgoldsmithlibrary.com/cim/articles_display.php?aid=312 を参照）
＊4　Ralph Waldo Emerson, "Illusions," *Atlantic Monthly 1*, no. 1(1857).

あなたが「誠実」「尊敬」を重視する掟を持っていて、「自分は率直な物言いをし、相手の話に注意を払う」と考えているとしよう。あなたがこれらを大切にしていると主張するのはわかったが、他の人々もあなたをそう見ているだろうか？　「もちろんだ！」と思うかもしれない。「嘘やペテンとは無縁だし、人の話をさえぎることもない。もちろん、誰かを見くびったりもしない」と。つまり、あなたは掟破りはしないと言っているわけだ。だが、掟を忠実に実践しているだろうか？

最大の鬼門はスティーブン・M・R・コヴィーが『スピード・オブ・トラスト』（キングベアー出版）で書いている「偽りの振る舞い」である。あなたは率直な物言いが大切だと述べるかもしれないが、相手からは、タッチポイントで遠回しな言い方をする、情報を抱え込む、事実を捻じ曲げると見えないだろうか？　会議で部下が発言しているあいだはじっくり聞くが、他チームの人が話しはじめるとスマートフォンに目をやり、メッセージの返信を始めないだろうか？

誠実さを保つ最も簡単な方法は、このうえなく貴重なリソースである時間をどう使うかをはっきりさせることだ。データを重視するなら、三六〇度評価のありのままの内容に目をとおすとよい。あなたの成功を願って直言してくれる、信頼できるアドバイザーを何人か見つけてもよいだろう。以下ではそれぞれを詳しく見ていこう。

大切なことのために時間を空ける

コナンは、リーダーはまわりの人材を育成しなくてはいけないと考えているが、そのための時間は取れるだろうか？　彼は二年過程のCEOインスティチュートでみずから指導にあたるために、五回の合宿講義（各一二日間）と二四時間のコーチング・セッションの時間を空けている。加えて、一〇〇通のリーダーシップ・レターを読み、返事を書くための時間も取ってある（各セッションの後に参加者は、自分がどんな知見を得て何を熟考したかを手紙に記すことになっている）。

言うまでもなく、スケジュールを入れるだけなら簡単だが、難しいのはどう守るかだ。コナンに関していえば、予定どおりにセッションに参加してみんなから称えられた。傘下にあったゴディバの売却が大詰めを迎えている時期でさえ、ＣＥＯインスティチュートに参加した。最も感動的なのは、交通事故のケガが完治せず、毎日数時間しか参加できなかったときでさえも、共同進行役を務めたことだ。

あなたは、何より大切な用事のために万難を排して時間をつくろうとするだろうか？　時間の使い方をどう改善できるだろうか？

あるリーダーの実例を紹介したい。フォーチュン５００社のＣＩＯ（最高情報責任者）であるジョーは、今のポストに登用された際、それまでの何倍も忙しくなるだろうと覚悟し、仕事の時間を無駄なことに振り向けまいと誓った。夕食までには帰宅したかったし、マウンテンバイクやスノーボードにも十分な時間を充てたかった。

同僚のフィルからは「協力しよう」という申し出があった。ジョーは基準を決めて優先事項のリストを作成し、二人で毎週のきまりを設けた。日曜日の夜、ジョーがその週の予定を決めてフィルに送り、月曜日の朝に二人で短い打ち合わせをするのだ。スケジュールの各項目は本当に基準に合っているだろうか？　優先順位は明確か？　タッチポイントの合間に英気を取り戻す時間を設けているか？　予期せぬ出来事に備えてゆとりを設けてあるか？　まもなくジョーは、時間配分を強く意識して、賢く時間を使えるようになった。

フィードバックを受ける

誠実さを保つためにもうひとつ、自分の仕事ぶりについてのデータを集めるという方法もある。三六〇度評価などは、リーダーの学習と成長を助ける貴重なツールだ。重要な行動に関して、自己評価が八〇%なのにまわりからの評価がわずか五〇%だとしたら、現実に目覚めるきっかけとなる。

このようなツールはいくつもある。ノルガードは、ヘイグループのインベントリー・オブ・リーダーシップ・スタイルが、新任リーダーに大きな気づきをもたらすと考えている。たいていのリーダーは先見性溢れるリーダーとして振る舞っているつもりだが、直属の部下からは先導者《ペースセッター》と見られることが多い。タッチポイントではこれは非常に大きな違いとなって表れる。前者はチームの戦略との関係でテーマをとらえたり、価値基準を説明したりするのに時間をかける。これに対して後者は、気が短すぎてじっくり話を聞かず、忙しすぎるからものごとを説明することもない。[＊5]

＊5　Daniel Goleman, "Leadership That Gets Results," *Harvard Business Review*, March-April 2000, pp.78-90.

信頼できるアドバイザーにつく

相談相手《メンター》、かつての上司、同僚、コーチなどと良好な関係を培うとよい。あなたの可能性を見抜き、成功を願い、誠実に接してくれる人を探すのが重要である。多くのリーダーにとっての頭痛の種は、地位が高くなるにつれて、率直な意見が寄せられなくなることだ。「この人なら直言してくれる」と信頼できる相手が必要なのである。

このような率直な話し合いを持つタイミングとしては四半期の終わりがちょうどよい。相手とともに以下のような点を検討するのだ。業績数値はどうだろうか？　熱意のほどは？　チームの献身ぶりは？　どこで躓き、どう調子を取り戻したか？　家庭生活に変わりはないか？　今のペースを続けられるのか？　多くのリーダーにとっての正念場は、自信を漲らせながらもいかに傲慢になるのを避けるかだ。指針となるのは信頼できるアドバイザーだけである。

まとめ

リーダーは、ハートをめぐる三つの問いのほかにも、説明責任にまつわる四つめの問いについてたびたび苦悩する。顧客、株主、従業員、地域社会のどれに最も忠誠を尽すべきか、悩むのだ。

現実には利害関係者が多く、そのいずれもが大切である。しかし、シェイクスピアの言葉にあるように、「自分に忠実であればよい」のだ。結局のところ、自分に顔向けできなくてはいけない。何よりもまず、自分自身に対して責任を負うのだ。そのためには、言うまでもなく、自分を知ることが求められる。

自分に忠実であるためには、「なぜリーダーの道を選ぶのか?」「自分の掟は何か?」をより深く探求して自己を発見するプロセスを続けていくことだ。目的や原則から逸れずにいれば、それがあなた個人のＧＰＳ（全地球測位システム）、つまりタッチポイントで参照する心の水先案内人の役割を果たしてくれる。目的や原則を守っていると内面に強さが漲り、その恩恵によって絶えず外界とのつながりを広げ、健全な人間関係を築くことができる。

以上のような問いかけから得られる知見をより確かなものにするには、毎朝目覚めたときに、詩、本の一節、気分を明るくする歌など、ひらめきを与えてくれるものと接しよう。日中は、あなたのいちばんよい面を引き出してくれる人たちと一緒に過ごそう。そして一日の終わりには、「どれだけ有言実行できたか?　改善すべき点は何か?」と考えよう。リーダーとして大成するには時間がかかり、たいていの人がその水準に到達するのは職歴の半ば以降である。しかし、ジャーナリストの故デイヴィッド・ハルバースタムが鋭く見抜いたように、大成した後は、声のトーンや指揮命令の様子からそうとわかる。まわりから「あの人には失敗してほしくない」と思われるような人物になるのだ。*6

このオーラは尊大さやカリスマ性とはまったく異なる。本物の目的意識や、リーダーにふさわしい心情を備えたときに得られる内面の自信から発しているのだ。

*6 David Halberstam, "The Greatness That Cannot Be Taught," *Fast Company*, September 2004, p.65.

第5章

自分を鍛えるには
どうしたらよいか

——限界まで追い込む——

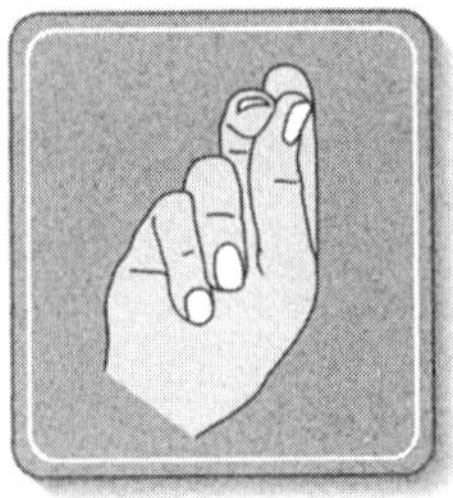

タッチポイントは実務や現場に密着している。一つひとつが実在の人とテーマに関係し、リアルタイムで展開するからだ。このため、明晰な頭脳と澄んだ心でタッチポイントに向き合っても、それだけでは十分ではない。加えて鮮やかな手腕を発揮しなくてはならないのである。技能を磨いてタッチポイントを次から次へとうまくさばいていくには、たゆみない鍛錬が求められる。

ノルガードは、CEOインスティチュートの修了者と会うたびに、「修了後、はっきり見えてきたことは何ですか?」と訊く。最近も、二五〇〇人規模の事業部を率いるエドに、この問いを投げかけた。するとエドは、「リーダーって本当に、本当に大変だ、ということですね!」と笑いながら答えた。「家路につくときには必ずといってよいほど、『もっと成果をあげられたはずなのに』と感じるものです。珍しく『われながら今日はよくやった』と思えた日は、家に帰ってから何か失敗をやらかしてしまうんですよ」

エドがいみじくも語ったように、次々と訪れるタッチポイントで成果をあげつづけるのは、本当に、本当に大変なのだ。エドと同じように、超一流のリーダーはみな、絶えず自分を叱咤激励している。タッチポイントで「うまくいった」回数を増やし「失敗した」回数を減らすことを、常に目指している。そして、そのためには鍛錬が必要だと心得ている。

鍛錬の力

あなたが大学進学を控えていて、将来はグローバルな職場で成功したいと考えているなら、何を学ぶだろうか？　キャリア形成に最も役立つのは、中国語やデジタルメディアへの習熟、あるいは別の何かだろうか？　現実には、わたしたちは複雑でダイナミックな環境で生きているから、二〇年後にどのような能力が求められるかは、誰にも予想できない。わからないのだ。

チャールズ・ダーウィンが観察したように、環境が急変するなかを生き延びるのは、最も強い者でも最も賢明な者でもない。他を凌ぐ適応力を発揮した者なのである。このため学習する能力が最も高い者が、適者として生存していく。だからこそ、トーマス・フリードマン（『グリーン革命』〈日本経済新聞出版社〉の著者）らの論者は、今の時代に何より大切な能力は学習のしかたを学ぶ力だと説いているのである。

本物の学びは、わたしたちがすでに持つ能力の端のあたりで起きる。「同僚のなかで一番になる」という野心、「やればできるはずだ」というビジョンなど、動機が何であれ、テーマに純粋に情熱を傾けて、徹底的に鍛錬を重ねるのである。ウェイン・グレツキーを考えてみたい。グレツキーは、多くのカナダ人が「史上最高」と太鼓判を押す元アイスホッケー選手だが、身体能力やスピードで他の選手に勝っていたのではない。彼自身の言葉を借りるなら、その強みは「パックが次に向かいそうな場所へと滑る」能力にある（パックは球のような役割を果たす平円盤）。

たいていの人は、グレツキーの驚異的なスキルを天性のものだろうと考えたが、実際には幼少時から鍛え上げたのである。小さいころ、テレビで試合を観戦していると、父親から紙とペンを渡され、パックの動きを図で再現するように言われたという。試合の休憩時間になると、父子はその図を見ながらパックがどういった軌跡を辿るのか、パターンを分析した。これは単純な訓練だが、何度も何度も繰り返すことによって、グレツキーは驚くべき状況判断力、超一流の試合勘を培った。

これと同じく、タッチポイントの場で相手のニーズに真剣に向き合うためには、研鑽に研鑽を重ねる必要がある。コナンは、交通事故後の療養中にこれを身をもって体験した。病室にやってくる看護師はみな、決まりきった手順を踏んだ。「『痛みはどうですか』という質問があって、それに一〇段階で答えるのです。そのあいだ、どの人もみな、わたしから少しも注意を逸らしませんでした。わたしの容態を知って助けになりたいと、心から思ってくれていたのです」

「ですが、時には経験の浅い看護師がやってくることもありました。ほかの人たちと同じように『痛みはどうですか』と聞いてくるのですが、わたしが何と答えるかビクビクしているようでした。まるで『どう対応すればいいかわからない』といった様子でした。経験が浅いせいで、患者であるわたしよりも、むしろ自身に意識が向いてしまっているように感じられました」

リーダーは、実力をつけるにはグレッキーのように鍛錬を重ね、本物の自信を培うにはコナンが世話になった看護師たちのように研鑽を積む必要がある。このように多くの時間をかけて鍛錬や研鑽をしないかぎり、実力と自信を身につけ、大切な瞬間に冷静に臨むことはできない。

理解を共有する

タッチポイントの本質はコミュニケーションに尽きる。その瞬間にどんな話題をぶつけられても、相手の話を理解し、しかも自分の話を相手に理解してもらえるよう、途方もない技能を備えていなくてはいけない。

ところで、コミュニケーションの真の意味とは何だろう？　リーダーが「わたしは『ひたすらコミュニケーションあるのみ！』だと悟った」などと語る場合、たいていは、自分のメッセージを大勢に向けて頻繁に発する必要があると訴えているのだ。しかし、コミュニケーションとは、ラジオ放送のようにこちらの考え方をひっきりなしに伝えるものとは違う。これではあまりに狭いとらえ方である。「コミュニケーション」の語源は、「共有の」という意味のラテン語「コムニス」である。タッチポイントに引きつけて述べるなら、現状と目標、そして目標に辿りつく手段についての理解を共有する、ということだ。この種のコミュニケーションには、歯切れよく話し、しかも注意深く聞くことが求められる。

リーダーは非常に目立ち、他人の人生を左右する力を持っているため、タッチポイントでのコミュニケーションが意図しない結果を生みかねないという厄介がある。この章の冒頭で紹介したエドがこれを痛感したのは、ひときわ多忙な日のことだった。

エドはいくつかの緊急案件を抱えていたうえに、事業部の新成長プランをCEOに説明するというきわめて重要なプレゼンの準備もしていた。このプランについては、イノベーション責任者のキャロルに取りまとめを依頼してあった。彼女にとって少し荷が重いのは承知していたが、何とかなるだろうと考えていた。

その日の夕方、「新成長プランについてお話ししたい」とキャロルがやってきた。「わたしとしては、一緒に検討できるような叩き台を持ってきてくれるものと期待していたのですが」とエド。蓋を開けると、キャロルの仕事はあまりはかどっていなかった。「わたしはカッとして、意見を出せるようなものを示すよう小言を述べました。ひどく落胆して苛立っていたため、キャロルにもそれは伝わりました」

「『キャロル、仕事の進み具合が遅すぎるようだな。わたしは今、これに関わり合っている暇などないんだ』と言ったのです。その瞬間、彼女は表情をこわばらせて肩を落としました。わたしは、とんでもない失敗をしたと悟りましたよ」

エドはこれを後悔している。助け舟を求めてやってきたキャロルの期待に応えなかったばかりか、自信を失わせるような発言をしてしまったのだ。その日、そして翌日にも謝ったが、キャロルの自信はすぐには甦りそうもなかった。自信とは恐ろしく脆いものなのだ。

エドは着任からわずか四カ月だったうえ、二人は互いをよく知らなかったため、そのせいでいっそう問題がこじれてしまった。明快なコミュニケーションをするには信頼がきわめて重要なのだが、彼らには十分な信頼を築く時間がなかったのである。

人間関係を築く

コミュニケーションは二人以上のあいだで行なわれるため、すみやかに人間関係を築ければ、それだけコミュニケーションが容易になる。ただし、本物の絆を育むには、他者を部下、追従者、雇われ人ではなく、人として見る必要がある。上役に影響をおよぼすには、相手をただ「お偉方」「上司」「副社長」などととらえるのではなく、タッチポイントを共有する人として受け止めよう。どんな触れ合いでも必ず、相手はその人なりの優先順位、不安、希望、夢を持っている。

人間関係を築くには、時間をかけて話をする必要がある。相手を知ろう。相手のストーリーを学ぼう。相手は何を原動力にし、何を気にかけ、何を誇りにし、何を心配しているのか。わたしたちはみな、他人の動機づけ要因も自分と同じだろうと思いがちだ。しかし、人間は一人ひとり違う。相手にとって何が大切かを知っていたほうが、影響力をおよぼして献身を引き出すのが遙かにうまくいくだろう。

多国籍企業のアジア太平洋地区責任者を務めるマークにとって、「自分と他人とではえてしてモチベーションが違う」というのは思いがけない発見だった。戦略策定の合宿中、進行役がマークの部下一人ひとりに「何のために働いているのですか?」と質問した。回答を聞いてマークは、「何てことだ！　みんながこういう理由で毎日仕事に来ているなんて、考えもしなかった」と仰天したという。マーク自身は大きな利益をあげたり、売上目標を達成したりするのが嬉しくてたまらなかったのだが、なかにはそれだけでは満足しない人もいるのだと、すぐにはっきりした。

マークはさっそくこの発見を活かした。目的を持った質問を習慣にしたのだ。たとえば、自分のリーダーシップへの情熱を糸口にして誰かと会話を始め、なぜ自分の仕事が好きなのかを語り、そのうえで相手に「君の場合はどうだろう?」と水を向ける。マークは、これらタッチポイントから学んだ中身をもとに、各人の資質や興味に合いそうな高めの目標を探した。

人間関係を築いておくと、人々の強みを知り、隠れた可能性を掘り起こすのにも役立つ。国際的な研修・人材開発企業で人材開発部門を率いるパムは、八人のディレクターを部下に持っていた。『さあ、才能《じぶん》に目覚めよう』(マーカス・バッキンガム、ドナルド・クリフトン著、日本経済新聞出版社)が刊行されたとき、パムは部下たちにある申し出をした。各自の写真、名前、強みの上位五つを表にして、みんなに見えるようにオフィスに掲げることに同意してくれたなら、この本を購入して全員に配るというのだ。ディレクターたちはこれに同意した。

表を掲示した後、パムは会議の冒頭で必ず、ディレクターのうち一人を指名して、他のディレクターが強みを発揮した具体例を挙げるよう求めた。そのうえ、任務やプロジェクトを誰かに割り振る必要が生じるつど、「表を見ましょう。この仕事に役立つ強みを備えているのは誰かしら?」と問いかけた。部下たちはほどなく、自分の強みが求められている、ありのままの自分が認められている、と自信を漲らせた。

　こうしたささやかな習慣を取り入れると、瞬間瞬間の魔法を活かし、タッチポイントの威力と可能性を解き放つことができる。

自己表明

リーダーは、他者の話を聞いて相手の強みを発見するだけでなく、前項で紹介したマークに倣って自分について率直にいろいろなことを語る必要がある。なぜリーダーの道を選んだのか、どんな掟に従っているのかを、人々に話して聞かせるのだ。どんなところで苦労していて、何が自分にとって助けになるかを知らせるとよい。

　本音を話す練習を始めた当初は、ぎこちなく感じて落ち着かないだろう。気がかりを他人に明かすと、自分の弱みをさらすように感じるのだ。第1章で取り上げた、イノベーション・チームを率いるリサという副社長の逸話を覚えているだろうか？　彼女は同僚に自分を知ってもらうことで心の通じ合う会話を実現し、仕事上の絆を強めた。筆者たちはこれを自己表明と呼んでいる。

　自己表明には熟練を要する。ＣＥＯインスティチュートでは、二日間の自省の後、少人数のグループに分かれて自分の心境を言葉にするよう、参加者に求めている。参加者の多くにとって、リーダーシップへの情熱や自分の掟について同僚らに語るのは、これが初めてである。

その後、同じグループの人々から感想や意見が出される。話の内容は、これまで見聞きしてきたことと一致するだろうか？　本心からの話だと感じたか？　このような会話をとおして人間関係ははっきり変化する。これを実施した朝、参加者たちの一団は本当の意味でリーダーの集まりとなり、互いの成長に深く関わっていった。

自己表明するのがどうも苦手だという人は、自分なりに練習するとよい。最愛の人、親友、コーチなどと膝を交えて、なぜリーダーとしての道を選ぶのかを説明し、自分の情熱や目的について語ろう。同じことを、同僚やチームメンバーを相手にもう一度やってみよう。あなたの自信が深まると、つながりも深まっていく。

話を聞くことによってリーダーシップを発揮する

「聞く」というのは、リーダーの手腕が最も際立つ分野である。ただし、実践するのは非常に難しい。理由のひとつを述べよう。たいていのリーダーは行動を重んじているため、相手の話をただ聞いていると、自分は何もしていないと感じるのだ。割り込みの多いこの時代、わたしたちは情報やメッセージなどによる刺激を絶えず受けていて、ADT（注意欠陥障害）になる人さえ少なくないから、聞くという行ないはいっそう難しくなってきている。何分間か注意を払おうと努力した後、気が散って指が震え、PDAに手を伸ばしてしまうのだ。

だがタッチポイントでは、テーマをよく理解しようとするなら、頭とハートの両方で相手の話を聞くことが欠かせない。テーマをよく理解せずにいたら、見当違いな〝問題解決〟を図ったり、根治ではなく対症療法ですませたりすることによって、みんなの時間をいともたやすく無駄にしてしまう。

困ったことに多くのリーダーは、いくらか馴染みのあるテーマについては、「他の人たちが言いそうなことはわかっている」と思い込みがちだ。一、二分耳を傾けただけで、実情を十分に理解しないまま、「解決策」を打ち出すのだ。これでは一度で片をつけられないばかりか、組織について自分よりもよく知っていそうな人たちから学ぶ機会をも逃してしまう。

人々の時間、熱意や労力を賢く使うには、事実をつかむために頭を働かせ、熱意のほどをつかむために感性を研ぎ澄まして相手の話を聞こう。そして、テーマに関係する意見すべてをかき集めるのだ。

頭で話を聞く

頭で話を聞くとは、タッチポイントの背景となった事実、数字、行動、出来事、会話などを探り出すことを意味する。

たいていのタッチポイントで話題にのぼるのは、手短な最新報告や簡単な戦術などである。そのようなやりとりでは、情報を集め、相手のニーズを探り出し、そのニーズに応えるだけでよい。だが、テーマがもっと複雑な場合は、相手に時間をかけて状況を説明してもらう必要がある。自分がその場を牛耳ることなく、相手の課題にじっと耳を傾けるには、次のようなちょっとした習慣を取り入れるとよい。誰かがあなたに何かを説明しようとしているときに、質問や助言を口にしたくてうずうずしたら、口にチャックをしよう！　そして、何かを言う前に「この意見はどう相手に役立つのだろう？」と自問するのだ。

場合によっては、実情をつかむためにデータを当たる必要があるかもしれない。怒った顧客やギクシャクした人間関係など、主観的な問題を扱うときでさえ、「状況の深刻さは一〇段階ではどれくらいか？」などというように、質問をとおして問題の大きさをつかむとよい。このようなコツを押さえておくと、肝心な瞬間によりよい対応ができる。

複雑なテーマを扱う際には、実情を探り出すために次のような習慣が役立つ。理解しているふうを装ったり、愚かな質問をしてはいけないと心配したりする代わりに、相手に真意を尋ねよう。「よくわからないのですが。説明してもらえますか?」「この点を明確にしてください」「もう少し教えてほしいのですが」などと言うのだ。全体をつかむために、足りない部分を補ってくれるよう相手に促すとよい。このような問いかけをすると、自分がすべてを取り仕切るのを避けながら、テーマを深く掘り下げられる。

ハートで話を聞く

ハート、つまり心の耳で話を聞くことでタッチポイントの熱《エネルギー》さを探ろうとすると、相手の胸の内を汲み取ることになる。あなたとしては、相手がなぜ事実をそう解釈するのか、状況をどう感じているか、関心があるだろう。つまり、相手の言葉だけでなく表情、声のトーン、身ぶり手ぶりに注意を払い、ワクワク、神経質、動揺、うろたえ、献身、自信などを読み取るのだ。

タッチポイントを支配する感情を読み取る簡単なやり方としては、赤、黄、青、どのエネルギーが張っているかを考えてみるとよい。信号のようなものだ。赤なら停止、黄なら減速、青なら前進である。タッチポイントの「信号」から注意を逸らさずにいれば、前に進むべきかどうか、どう進めばよいかを見極められる。

赤のエネルギーが出ている場合。相手が短気になっている、怒っている、あるいはあなたの提案ではうまくいかないと声高に述べる、その場から立ち去る、こちらの目を見ようとしない、だんまりをとおす、といった状態では、タッチポイントには赤信号が点っている。このような状態を察知したら、じっと耳を澄まそう。何が起きているかを探り出そうとするのだ。相手があなたに反対していたり、提案内容に反発したりしているなら、その理屈の理解に努めよう。もしかしたら、あなたが決めようとしている事柄が自分の取り組みに悪影響をおよぼすと、気を揉んでいるのかもしれない。あなたは、相手の信条に関わる問題に触れているのかもしれない。相手の懸念を押し切って型どおりのきまりを守ろうという誘惑に駆られることもあるだろうが、慎重になるべきだ。表面的にきまりを守ればすぐに仕事は終わるかもしれないが、「将来のために貢献したい」という相手の願いはどうなるのだろう?

　わたしたち自身が怒っているせいでタッチポイントが赤くなる場合もある。「泣きたければ泣け、備えをして苦難を乗り越えろ」などと無神経な発言をしたり、ノルガードの上司が「君ができないというなら、ほかに適任者を見つけるまでだ」と言い放ったときと同じような行動を取ったりする場合だ。このような状況では、相手のエネルギーを理解する必要はない。むしろ、自分のエネルギーに対処しなくてはならないのである。

　黄のエネルギーが出ている場合。タッチポイントでは、疑念を示す、問いかけを続ける、状況に尻込みする、どうしていいかわからない、といった姿勢をとる人もいるかもしれない。その場合には、ゆっくり時間をかけてハートで相手の話を聞こう。不安や心配事を口にする機会を相手に与えると、互いが、テーマに対処するための実際的な方法を見つけやすくなる。

あなたの目の前で相手のエネルギーが青（「前進」）から黄へと変わる場合もある。これは、あなたが相手から最大限の熱意や献身を引き出すことよりも、完璧な解決策を探すことに意識を向けているからかもしれない。たとえば、誰かがあるアイデアに心躍らせているとしよう。よいアイデアではあるが、あなたとしては、どうすればそのアイデアをさらに磨けるかを説かずにいられない。ただし、気をつけなくてはいけない。というのも、あなたが「改善」をすればするほど、相手は「もう自分には関係ない」という思いを強めていく可能性が高いからだ。このような場合には、ありきたりの熱意のもと秀逸な解決策を引き出すのと、解決策は並でも関係者が強い使命感を持つのとではどちらがよいか、自問してみよう。

青のエネルギーが出ている場合。青のエネルギーは、あなたと相手に前進への道が開かれていることを意味する。タッチポイントに居合わせる他の人々は、前進への好奇心、関心、自信、熱意を抱いている。ただし、青だからといって相手の話を聞くのをやめてよいわけではない。もっとも本当のところ、熱意の強い相手ほどおそらく、素晴らしいアイデアを示してその実現に向けて責任を負いたいと考えるだろうから、あなたの側でも「話を聞きたい」という思いを強めるだろう。

ここで、さまざまな文化の人が集まったチームで仕事をしている場合に、他の人々のエネルギーをどう察知すればよいのか、ひと言述べておく必要がある。タッチポイントの相手が、よく知る人物で自分と生まれや育ちが似ていても、エネルギーを察知するのは決して簡単ではないかもしれない。しかし、文化的な背景が異なる人のエネルギーを察知してそれに対応するとなると、ことのほかハードルが高くなりかねない。大多数のリーダーは、異国文化で育った人々と仕事をする際にはこうした難しさに注意を払うが、微妙な違いは往々にして見落としてしまう。

一例を挙げたい。ノルガードは最近、プロフェッショナル・サービス企業向けに事業ソフトウェア・ソリューションを開発した、アメリカ・デンマーク系の企業とともに仕事をした。両国の文化は多くの点で似通っているが、興味深い違いもあり、そのひとつは権力に関係したものだ。デンマーク人は世界でもとりわけ強く平等主義を重んじているため、権威にあからさまに敬意を示すことは少ない。このため、アメリカ人が上司の提案に熱心に聞き入るのに対して、デンマーク人はいくつもの質問を投げかけ、一つひとつの判断に割って入ったうえで、ようやく納得するだろう。これはデンマーク人のリーダーから見れば自然な対応だが、アメリカ人上司の目には「敬意に欠ける」と映るかもしれない。このため、エネルギーが黄色に変わりそうなら、ペースをゆるめて原因の理解に努めよう。

波及効果を意識して相手の話を聞く

あなたが関わるタッチポイントはみな、直接の当事者だけでなく多くの人々に影響をおよぼす可能性がある。これと同じく、誰かとの会話はすべて、それ以前のいくつものタッチポイントがきっかけになっている。何が起きているのかを洩れなく正確に知るには、すべての利害関係者について考え、そのときのテーマに関わる人すべての声を聞く必要がある。その場にいない人々も含めてである。このような聞き方をするには並外れた注意力が要求される。

全体像をつかむための充実した習慣を紹介したい。誰かが大切なテーマについて会議を設定したら、状況を診断するための問いを相手に示し、答えを用意してくるよう求めるとよい。たとえば「何が問題なのか」「誰にどういった影響がおよぶか」「どんな行動が問題を引き起こしているのか」「人々がそういった行動を取る理由はどう説明できるのか」といった問いが考えられる。会議の冒頭では、八分から一〇分くらいを割いてこれら問いへの答えを説明してもらおう。あなたは相手の話をさえぎらずにじっと耳を傾けよう。驚きが待っているはずだ。相手に話をしてもらうと、短い時間でいかに多くの学びが得られるかがわかるからである。全身を耳にして聞き入り、相手が話し終わったら内容を簡潔にまとめよう。そして、「これで間違いないだろうか？」と確かめるのだ。テーマとその背景を十分に理解したなら、対処法も見えてくるだろう。

部下たちはたいてい上司の気分を敏感に感じ取るが、逆はまず成り立たないため、これが多くのリーダーにとっての課題である。ともすれば解雇の噂が駆けめぐるような不況時には、これはとりわけ大きな問題となる。実情を正しくつかんでおくために、社内を歩き回り、社員食堂で食事をし、信頼できる数人から情報を集めるとよい。

コナンも二〇〇八年の金融危機後にこれを実践した。当時は毎日のように解雇のニュースが世間を飛び交い、アメリカの職場という職場に不安が渦巻いていた。キャンベルは何年も前から、健康的なライフスタイルと職場でのウォーキングを奨励していた。コナンはこれに十分に馴染もうとして、取り組みをさらに一歩進めた。スニーカーと万歩計を買い込み、会社の構内で規則的にウォーキングを行ない、毎日一万歩ずつ歩いたのだ。

ＣＥＯが発送センターに姿を現したり、オフィスに顔を出してあいさつしたりしたため、最初はみんな呆気に取られた。しかしまもなく、こうした降って湧いたタッチポイントを活かして、自分の考えていることを話すようになった。こうしてコナンは現状に注意を払って雰囲気をよくつかむことができた。同じように大切な点として、彼の穏やかな立ち居振る舞いが、「わたしはここにいる」「みんな一心同体だ」「大丈夫なはずだ」という安心のメッセージを全社に届けた。

話し合いで足りないところを補う

タッチポイントでは、ハートで語りかけることによってみんなの熱意を引き出し、頭で語りかけることによって自分の話を相手に理解してもらうとよい。そのうえ、クチコミを狙った巧みな話し方によって、何回もの伝聞を経てもなおメッセージが明快に伝わるようにする必要がある。

とはいえ、これら三点すべてに注意を払うのは容易ではない。わたしたちは何かを話すとき、えてして、中身や語り口が明快だから誤解の余地はないはずだと思い込んでいる。そう、何が言いたいかは自分にはわかっている。メッセージが戻ってきたり、何かが期待どおりにならなかったりして初めて、思ったほど明快ではなかったと気づくのだ。コナンの場合もそうだった。

コナンは新しい従業員センターのビジョンを描いていた。センター建設のプロジェクトチームに、カフェには世界最高のスープバーを設けるよう伝えた。世界最高のスープ会社にふさわしいスープバーを。その後、彼の注意は別のところへ逸れた。交通事故に遭わなかったら、その後の状況をもっと早く確認していただろうが、次にチームとこの計画を検討したのは数カ月が過ぎてからだった。チームのみんなは「ご心配なく。スープバーは予算内に収まりますから」と請け合った。

「予算内だって?」とコナンは首をかしげた。「いったいどこから予算うんぬんという話が飛び出したのか?」。いまだに、何が何だかわからないという。だがおそらく、お馴染みの伝言ゲームにどこか似ているのだろう。何人かが輪になってすわり、隣の人に次々とメッセージを伝えていくと、最初の人のもとに戻ってくるまでには、わけがわからなくなっているのだ。

コナンの話はおそらく、次のようにして中身がすり替わってしまったのだろう。彼がプロジェクトチームの前で世界最高のスープバーを設けたいと話した後、副社長の一人がアメリカのスープ事業部の人々に向けて、「世界最高のスープバーを予算内でつくらなくてはいけない」と語ったのかもしれない。これが次にどこかに伝わった際には、「すべて上質である必要があるが、予算はかくかくしかじかだ」となったのかもしれない。コナンのもとに戻ってきたときには、「世界最高のスープバー」が「予算内で収まる素晴らしいスープバー」にすり変わっていた。こうして、この期におよんでコナンみずから乗り出す必要が生じ、予算を見直して土壇場での軌道修正を行なった。といっても、コナンは明快な話し方を知らなかったのではない。関係者すべてに届くまで、明快なメッセージを一貫して送りつづけていなかっただけである。

明快に語りかける

コナンの経験が示しているように、タッチポイントでひときわ重要なのは、期待内容をはっきり伝えることだ。これはわけもないように思えるが、実は非常に忘れやすい点である。理解してもらえると決めてかかり、相手に本当に伝わっているかどうかを確かめないのだ。

リーダーの話にははっきりしない点があると、みんなは足りないところを自分で補う。みずから「上質な成果」とはどんなものかを判断し、「合理的な時間内に」の意味を憶測し、いつどのように責任を果たすべきかを見極める。みんなの前提はえてして誤っていて、その場合、あなたの期待には応えられないかもしれない。すると、落胆、苛立ち、時間の無駄、自信喪失、そして時にはコスト増を招く。

ハートで語りかける

あなたのテーマにみんなを巻き込む必要があるなら、相手とのあいだで強い絆を育まなくてはいけない。相手に多くを求めるなら、その分、いっそう強い絆が求められる。

ＩＴ（情報技術）担当副社長のアンディは、大がかりなコスト削減プロジェクトを率いていたとき、プロジェクトを実益につなげるために、何千ものタッチポイントに関わる必要があった。彼は仕事と感情を分けてとらえていたが（本人によればイギリスの教育を受けた影響だという）、それがリーダーとしての手腕を発揮する妨げになっていると気づきはじめていた。

上級幹部とのタッチポイントをこなすなか、役割や仕事を中心とした型どおりのやりとりだけをするという生来の殻を破ろうと決めた。そして代わりに、時間をかけて人間関係を培っていった。プロジェクトが関係者にどう影響しているかにも注意を払った。「答えがすべて見えているわけではないですが、大きなチャンスがあるのはわかっています」「この方向に進むかどうかはまだ定かではないですが、あなたの意見は大いに尊重しましょう」といった発言をした。

アンディはもともとの性格とは打って変わって、プロジェクトが自分、組織、関係者すべてにとってどういった意味を持つか、胸襟を開いて語るようになった。「みんなとの絆を育むには余計な時間がかかりますが、それだけの見返りはありますよね。人間関係が充実したら、目的を早く果たせました。後から問題が持ち上がらないように、最初に対処しておくこともできました」

大きな変革を率いる際の最大の難関は、ひとつには、みんなの高揚感や関与を引き出すことである。これを実現するには、ハートで相手に語りかけ、相手にもプロジェクトへの熱意を持ってもらう必要がある。

ＣＥＯインスティチュートでは、ゲスト講師の一人としてエグゼクティブ・コーチのボブ・ゴードンを招いているのだが、彼は感情のこもった話し方を身につけるための特別訓練を取り入れている。この訓練は誰でも簡単に実践できる。同僚の助けを借りながら、「人民の、人民による、人民のための政治」で知られるリンカーン元大統領によるゲティスバーグ演説など、有名な演説を模倣すればよいのだ。

まずは、多数の聴き手を前にしているつもりで、演説の最初の数行を同僚に読んで聞かせよう。次に、自分と少し離れたところに立つよう同僚に頼み、「今度はあなたを感動させるつもりで読むから」と伝えよう。「わたしの言葉に心を動かされたら前へ進み、無感動だったら後ろへ下がってほしい」と。思いが強く伝わって相手が自分のすぐ横に来るまで、練習を重ねよう。

有名な演説でこれができるようになったら、自分のリーダーシップ・モデルや現在のプロジェクトについて語る際にも同じようにできるかどうか試そう。ハートで語りかけるのに慣れたら、タッチポイントの瞬間に以前より遙かに強い絆を築けるはずだ。みんなはあなたの人となりや考えをよりよく知り、意図を信頼してくれる可能性が高まるだろう。

波及効果を意識して話す

仕事への割り込みが多い昨今、タッチポイントの数は増えるが、その一つひとつはささやかになっていく。そこでの短いやりとりは速く遠くへと伝わる傾向を強めていく。別のビルにいる同僚に手早く携帯メールを送ると、数秒後にはそれが世界を駆けめぐっているかもしれない。このためリーダーにとっては今や、対面での会話と書き言葉、両方のコミュニケーションの波及効果に十分に通じていることが重要なのだ。

コナンはそのひとつの方法として、毎日一〇～二〇通の個人宛メッセージをしたためている。貢献への謝意。新人への歓迎。昇進など栄誉を受けた人への祝い。メッセージの受け手は個人だが、彼らは往々にして多くの人にそれを見せる。何年ものあいだには、これらメッセージは何万ものタッチポイントへとつながった。受け手は活力を漲らせる。一例として、オーストラリアの新任品質マネジャーは、CEOが自分の入社を知っているばかりか、歓迎してくれているとわかって感激した。しかも、そのためにわざわざ時間をかけて自分宛にメッセージを書いてくれたのだ。このようなタッチポイントは世界中に明るい衝撃波をもたらす。

自分のアイデアを広く知らせるには、パワーポイントを使ったプレゼンをやめて、もっとストーリーを語るようにするのも一案である。パンドラという会社のCEOも、ニューヨークでの四日間のワークショップでこれを学んだ。パンドラは成長街道を驀進し、IPO（新規株式公開）後の状況にも慣れるなか、会社の理念を核にして古株と大勢の新人を結束させることが最優先の課題となった。このためには各幹部が理念をみずから体現するだけでなく、説得力溢れるストーリーを語ることによって理念に息吹を与える必要があった。幹部らは三つの象徴を設けて、理念をより活き活きとした、記憶に残りやすいものにした。広い視野とハートを表すキリン。個の能力と強いチームワークを表すライオンの群れ。逆境に屈しない意志を表すマルハナバチ。リーダーたちはみな、会社の理念を説く糸口としてこれら三つの象徴を使った。要は、記憶に残るような非常に興味深いストーリーを紹介して、クチコミ効果を引き出そうというのだ。

ただし、波及効果を意識して話す際に大切なのは言葉の選び方だけではない。行動も重い意味を持っており、幹部全員が同じ習慣を取り入れたなら、強い合図を送ることができる。フィンランドの公共放送局ＹＬＥが小さな習慣を設けたのも、こうした狙いからだった。ＹＬＥは何十年も前から、与党による一方的なコントロールを避けるための体制をつくっていた。あえて経営チームを分断したほか、取締役会も派閥に分かれて互いに反目していた。ところが、デジタルメディアとの競争時代に突入すると、社会の要請に応えつづけるにはすみやかな動きが求められ、そのためにはリーダー層が一枚岩である必要があった。しかし、リーダー層の顔ぶれは以前と変わらず、取締役どうしの信頼関係も強いとはいえなかった。それでも、従業員ほか利害関係者がまちまちの意図を持って対立し合う状況を解消するには、リーダーたちが将来を見据えて足並みを揃えなくてはならなかった。

ノルガードはこの変革期にＹＬＥの経営チームと一緒に仕事をした。四半期ごとにまる一日、取締役を対象にカンヅメ形式の会議を行ない、リーダーシップにまつわる重要な課題を話し合った。各回の終わりには、参加者に一見したところ小さな課題を出した。「これから三カ月のあいだに、かつての『敵』三人をランチに誘い、大勢から見えるように、吹き抜けのある広いレストランで食事をしてください」というのだ。象徴的なちょっとした行動だが、取締役たちがひとつテーブルを囲んで食事をともにする姿は、従業員から大きな注目を集めた。

有利にことを運ぶ

タッチポイントの難易度が高くリスクが大きいと、その分、あなたには優れた手腕が求められる。扱いにくく目立つ状況で頼りにされるには、大きな目的に尽くそうという意図と手腕の両方を信頼してもらう必要がある。この水準に到達するには並大抵ではない鍛錬が求められる。

『ケンブリッジ・エキスパート・ハンドブック（未訳）』（The Cambridge Handbook of Expertise and Expert Performance）の著者K・アンデシュ・エリクソン、マイケル・J・プリエトゥラ、エドワード・T・コークリーは、仲間のなかで一番になるには凄まじいまでの気迫と粘り強さが欠かせないと強調している。「本物の専門性を身につけるのは、苦闘、犠牲、誠実さ、そしてえてして辛い自己評価を迫られる。近道などありはしない」[*1]。彼らの研究によれば、多くの領域では一流になるまでに、およそ一万時間をかけて意識的に着実に修練を重ねる必要があるという。

＊1　K. Anders Ericsson, Michael J. Prietula, and Edward T Cokely, "The Making of an Expert,"

Harvard Business Review, July-August 2007, p.2.

あなたのお手並みはどうだろう？　明快に指示を与え、ペースをつくり、ハードルを高くし、みんなに責任を果たさせるなど、厳しい姿勢でものごとを伝える技能をどれだけ備えているだろうか？　熱意を引き出し、あらゆる側面を理解し、自分の判断がみんなにどう影響するかを予想し、コーチングを行なうなど、優しさを前面に出したコミュニケーションはどれくらい得意だろうか？　指示を出す、後押しをする、強い決意で臨む、相手に共鳴するなど、その瞬間にどういったスタイルが求められても鮮やかに対応できるよう、技能を磨いておくのが得策だろう。

各界で世界の頂点に立つ人々は、そこからすべり落ちないために、日に三時間はみっちり鍛錬を積むという。これはあなたにとってはおそらく現実的でないだろう。しかし、技能をどれかひとつ選んで来週はそれを磨くのは、無理ではないはずだ。たとえば、会議での発言回数を抑える、相手の話をじっくり聞いて内容を数行でうまくまとめられるようにする、などである。

練習する際には、同僚と比べて上手か下手かなどと悩まなくてよい。それよりも、到達できそうな最高水準と比べてどの位置にいるかに着目しよう。より高いところを目指して精進を続けよう。タッチポイントで奮起するたびに、少しずつよりしたたかに、より有能になっていき、リーダーとしての能力への自信も増すだろう。

すべてを自分ひとりでこなす必要はない。ＣＥＯインスティチュートでは、参加者の力になるためにジェフ・コヴィン著『才能の重要性は過大評価されている（未訳）』（Talent Is Overrated: What Really Separates World-Class Performers from Everybody Else）を課題図書に指定している。この本を読んだ後に参加者は少人数のグループに分かれ、互いに助け合いながら、精神的に辛くかなりの努力を要するような習慣を考える。みんながそれぞれの習慣を守れるように、頻繁に意見を寄せる、進歩度合いを見極める、といった力添えをし合う。同僚と協力関係を築いたり、コーチや相談相手の力を借りたりすれば、これと同じことができる。

この章の冒頭で紹介したエドの言葉にあるように、リーダーシップを発揮するのは、とても、とても大変なのだ！　ただし、どういった技能を培う必要があるにせよ、大切なのは練習を積み重ねて、「タッチポイントの瞬間にどんな難題が持ち込まれても対処できる」と自信を持つことだ。こうして自信がつくと、何かのテーマについて誰かと接するつど、以前より肩の力を抜いて率直になり、状況に適応しやすくなるだろう。

まとめ

リンカーン・センター・ジャズ・オーケストラの芸術監督ウィントン・マルサリスは、人間の器量はありのままの技術にこそ表れると考えている。技術の巧拙はその人の真剣さを知る手がかりなのだと。彼から見ると、十分な技術を身につけていないのは、スポーツ選手が体調を崩して試合に臨むようなものなのだ。「試合が好きだなどと吹聴しないように。試合に本当に愛情があるなら、体調を整えてくるはずである」[*2]。マルサリスは愛情を、行ないに込めた思いの本質ととらえている。技術はそれを目に見えるかたちで表す方法である。

＊2　Wynton Marsalis, To a Young Jazz Musician: Letters from the Road (Random House, 2004), p.62.

一流アーティストにせよ、世界的なリーダーにせよ、真の学びには情熱と鍛錬の両方が欠かせない。そう、大変なのだ。しかし、得るものもまた大きい。

子供が文字の読み方を学ぶ様子を観察した経験はあるだろうか？　われを忘れて集中するあまり、舌が突き出て足先が丸まっている様子。あくまでもやり抜こうとする姿。文字を見分け、単語を綴り、文を読み、やがては本を読み通したときの心からの喜びよう。その歓喜はまわりに伝わっていく。

自分を限界、いやその先まで追い込むと、そこにはやはり歓喜が待っている。鍛錬への誓いを立てると、歓喜が得られるのだ。

第6章

リーダーシップで大切なのは、自分ではなく相手だ

――タッチポイントの3つのステップ――

ノルガードは、パンドラ社の社長兼CEOミッケル・ベンデリン・オレセンの行動を観察して、オレセンはリーダーの仕事が好きなのだと確信した。彼はこう語った。「一〇年前のわたしはまるで別人のようでしたよ。当時は自分が注目されたい一心でしたから」「何が変わったのでしょう?」とノルガードは訊いた。

オレセンは、大きな責任を与えられてから、パッとしないチームの成果を引き上げる楽しさに目覚めたという。「みんなの可能性に気づいて別次元にまで力を伸ばせたら、それはもう堪えられないくらい嬉しいですね。自分がいくつものメダルを持っていると、今度はみんなと一緒に勝利を手にするほうが大きな満足につながるのでしょう」

リーダーにはおのおのの流儀がある。ただし、触れ合いの活かし方にかけては全員にひとつ共通項がある。誰かと接する際に、自分が何を得られるかよりも、何をもたらせるかを考えるのだ。組織が自分に何をしてくれるかと問うのはやめ、どうすれば組織に奉仕できるか、その方法を探すのである。

魔法の言葉——どうすれば力になれますか?

リーダーシップで大切なのは自分ではなく相手である。タッチポイントのテーマが、あなたのもの、相手のもの、みんなのもののどれであっても、やりとりの最初に（口に出しても出さなくても）「どうすれば力になれますか？」と問いかけると、アイデア、不安、考えなどを語るよう相手に促せる。この魔法の言葉を口にすると、自分が伝えたいこと、成し遂げたいことを前面に押し出すのではなく、相手が何を望み必要としているかを探ることを重点に据えられる。コナンは、ニール・マッケンナからこの言葉を聞いたのを機に、再就職の展望が開け、ひいてはリーダーシップ哲学が変わった。

相手の立場で状況を眺め、できるかぎり手を差し伸べるには、知恵、ハート、技能を活かすだけでは足りない。感性が求められるのだ。ドイツ語のフィンゲルシュピッツゲフュール、つまり「指先の感覚」を養う必要がある。技能と感性を兼ね備えていれば、状況を読み、タイミングを見計らい、相手への反応の強さを調節できる。

タイミングはとりわけ重要かもしれない。かつて投資会社で人材開発とコミュニケーションを担当していたアンは、当時の経験から得た教訓を今も忘れない。テーマが誰のものであっても、いつそれに対処すべきかを心得ておく必要があるというのだ。「相手が栄誉を受けて祝福されているなら、『もっとこうしたほうがよい』などと意見するには適さないタイミングです。まして、人前で意見するなどもってのほかでしょう」

アンは、若手のプレゼンテーションを聴いたときの様子を回想した。「（全体としてはうまくいったが）いくつか荒削りなところがありました。最も簡単なのは、その場で本人に耳打ちするか、終わった直後にメールで改善すべき点を指摘することでしょう。ですが、そこをグッとこらえて、どうすれば相手にとって最善かを考えました」

数日後、アンは彼のオフィスに顔を出した。「まずは、プロジェクトがあの段階まで進んだから、チームのみんなはさぞかし誇りに思っているでしょう、と言葉をかけました。次に、彼が同じプレゼンをあと五回すると知っていたので、『ひとつ改善するとしたら何だと思う？　わたしに手伝えるかしら？』と聞いたのです」。彼が挙げた改善すべき点をもとに、ふたりは話し合いと検討をした。「相手が喜んでくれたから、わたしも嬉しくなりました。次のプレゼンは進歩の跡が見えるに違いないと思いましたよ」

タッチポイントの三角形

音楽で三和音《トライアド》といえば、和音を構成する三つの音、ハーモニーを生み出す三つの音符を意味する。同じように、タッチポイントの三角形は、どんな短い触れ合いをも活かして相手の役に立つための三つの要点を指す。

「どうすれば力になれますか？」という魔法の問いを繰り出すと、三角形をつくる準備に

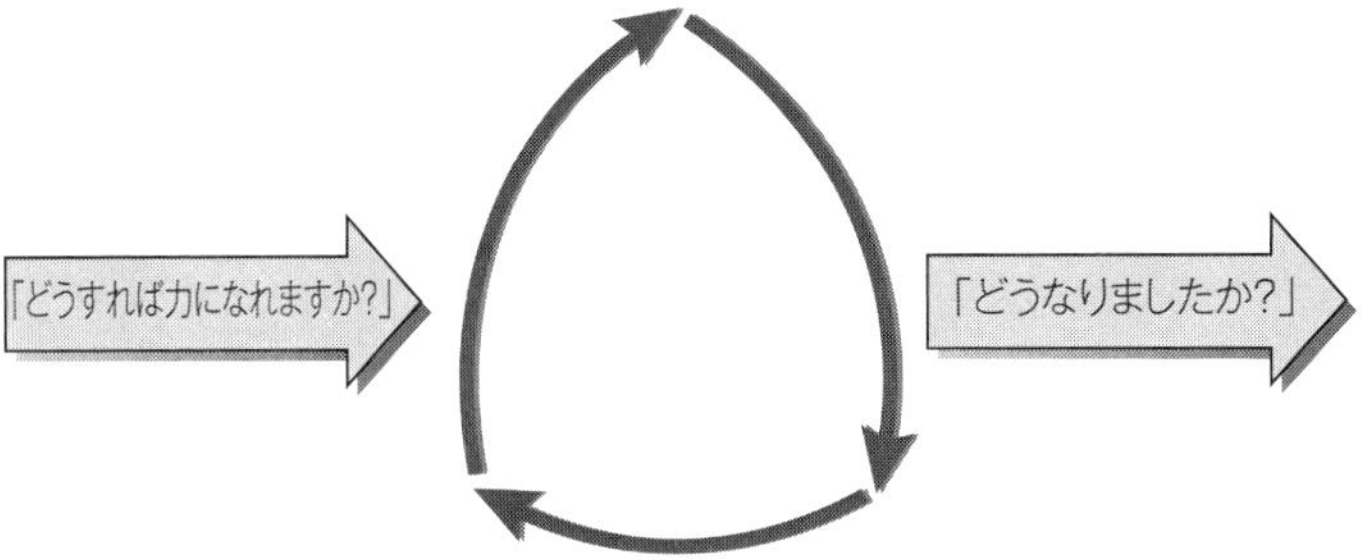
「どうすれば力になれますか?」
「どうなりましたか?」

なる。最初のステップとして、相手の話をじっと聞く。これは何が起きているかをつかみ、相手が何を自分に求めているかを知るのに役立つ。気遣いを具体的に示す方法でもある。第二のステップとして、テーマの大枠をつかむ。これは、タッチポイントに参加する全員が状況を同じように理解するためである。三つめのステップでは、次に何をするか、誰がそれを実行するかを決めて、課題を前に進める。タッチポイントを終えた後は、事後確認として「どうなりましたか?」「ほかに何か必要ですか?」などと問いかけよう。こうすると、あなたの気遣いを改めて印象づけることができる。しかも、相手の答えからは、事後どうなったのか、自分が本当に役に立てたのかどうかがわかる。

こういうわけだ！　相手の話をじっと聞き、テーマを見極め、課題を前へ進めると、完成の域へと近づける。このように、タッチポイントを次々とこなしていく際に、「聞く→大枠→前進」さえ頭に入れておけばよい。そしてこれを、来る日も来る日も何十回と実践するのだ。

ステップ1――相手の話をじっと聞く

ユタ州で学校長を務めるクレイグは、この三ステップを完璧にこなす。校長室は、ニューヨークのグランド・セントラル駅を思わせなくもない。生徒や先生がひっきりなしに出入りしているのだ。クレイグは、人の話を聞き、期待内容を明確にし、みんなに決めてもらうか自分で決めるかして判断を引き出す、ということを一日中繰り返している。

職員や生徒が校長室にいる時間は一〇分にも満たないことが多く、ジョークを言ったり、馬鹿騒ぎをしたりする場合もある。ところが、誰も急きたてられているとは感じない。彼らが校長室にいるあいだ、クレイグはいつでも一〇〇%の注意を払うからだ。時間がないときはそうはっきり伝える。「今はだめだ。忙しすぎるから」と告げるのである。相手は、後からまた必要なだけ注意を払ってもらえるとわかっているから、こう言われても意に介さない。

どれだけ短いタッチポイントでも、クレイグは三つのステップすべてを踏む。相手の話を聞いて、問題の要点をつかむ助けをしようとする。自分と相手がテーマを同じように理解していると確信できたら、「わたしにどうしてほしいのか？　助言を求めているのか、

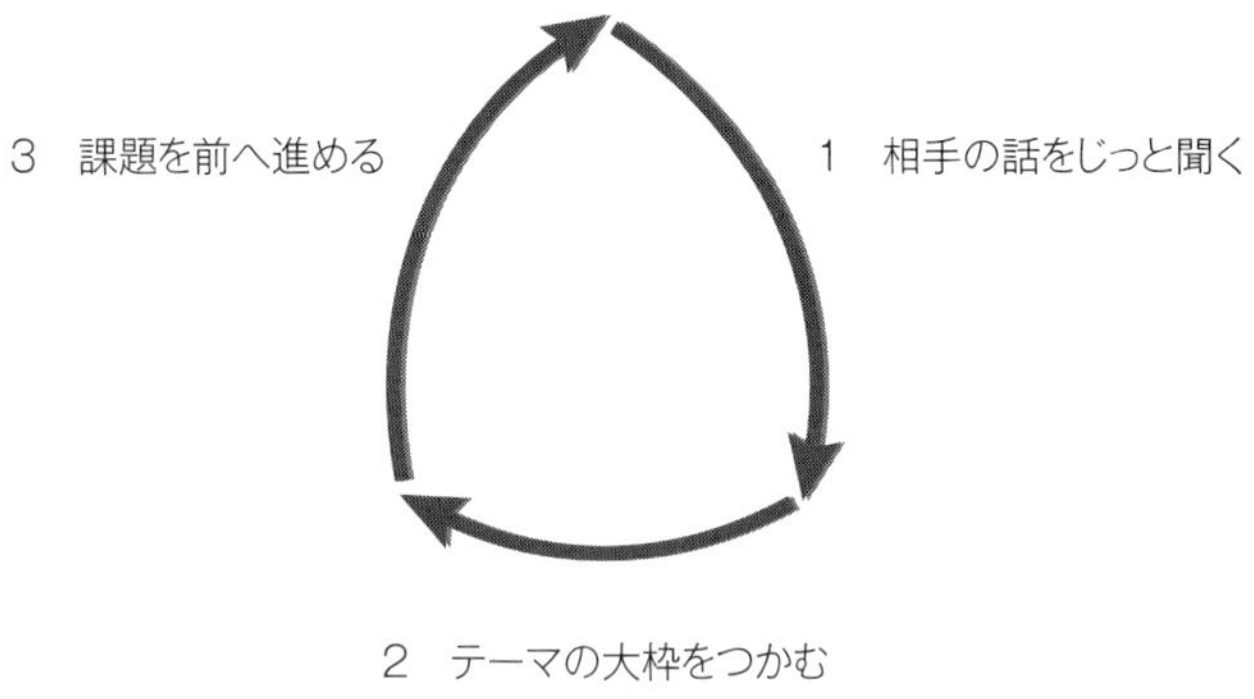
1　相手の話をじっと聞く
2　テーマの大枠をつかむ
3　課題を前へ進める

タッチポイントの三角形

ただ最後まで話したいのか、それとも判断を下してほしいのか？」と問いかける。テーマが今ひとつはっきりしていないと思ったら、目立った特徴を書き出したり、選択肢を挙げてそれぞれの長所と短所を示したりするよう相手に求める。相手との関係、信頼の強さ、相手の経験度合いによっては、じっと耳を傾けて相手が自分たちで結論を出すのを待つ。時には次に何をすべきかを自分で決めるが、テーマが自分のものではなく相手のものである場合は、相手に判断を促そうとする。この間、相手に「生徒にとっては何が最も望ましいだろう？」と問いかけることによって、学校の使命から重点が逸れるのを防ぐ。

　クレイグと同じくあなたにも、触れ合いを完璧なものにするチャンスは無数に訪れる。考えてほしい。あなたは日に何回のタッチポイントを経験するだろうか？　たいていのリーダーは数十回と答える。仮にあなたの場合、廊下や電話での気楽な会話、オンライン会議、インスタント・メッセージやメールの手短なやりとりを含めて七〇回ほどだとしよう。年間では合計二万五〇〇〇回のチャンスがある計算になる。

クレイグが短いタッチポイントをあれほど多くの成果につなげるのは、ひとつには「活発な聴き手」だからだ。タッチポイントとじっくり向き合い、神経を研ぎ澄まし、他者に注意を払うのである。慎重に話を聞くと、相手と絆を育み、ニュアンスを受け止め、テーマに照準を合わせ、誰のテーマかを判断し、相手がどういった種類の助けを必要としているのかを探り当てることができる。

手始めに、自分が全面的に関わるべきか、もしそうならいつからどれくらいの期間か、ざっと検討しよう。以下を自問しよう。テーマは何か？　相手は自分にどういった手助けを求めているか？　テーマは自分のもの、相手のもの、みんなのもの、どれだろう？　時間の制約は？　テーマは事業にとって重要なものか、原則に関わるものか、それとも両方か？　あなたは忙しいから、自分が最も役に立てて、チームや組織に最も貢献できる分野に熱意と注意を傾ける必要がある。

全面的に関わろうと決めたら、実情はどうなっているのか？　と考えよう。好奇心を発揮するとよい。数字、具体的な制約、納期といった客観的なデータなど、証拠を求めよう。漠然とした証拠しかない場合は、一〇段階の客観的な評価を相手に尋ねて、感触をつかむよう努めるとよい。

相手の話を聞きながら真のテーマを探ろう。足りない情報はないだろうか？　理解できない点があったら、そう伝えよう。その場にいる人々の声に耳を傾けて、ここにいたるまでの会話を理解するよう努めよう。必要なだけの時間を割いてテーマを十分につかもう。自分の責任範囲に関しては、誰よりもよく理解しておくのが望ましいのだから。

なお、実情をめぐっては知的な誠実さを心がけるべきだ。わたしたちはみな、耳にやさしい中身だけ、自分の意見を裏づけるデータだけを聞こうとする傾向がある。実情を聞いて理解するには精神の修養が求められる。的外れな問題を解決することほど無益なものはないと、肝に銘じておこう。すみやかに動いたほうがよいと感じるかもしれないが、拙速では「進展している」という幻想を生み、結果的にリーダーとしての信望を損なうだけだ。

話を聞く際には、相手のエネルギーや関わり度合いにも忘れずに注意を払ってほしい。相手のエネルギーは赤、黄、青のどれだろう？　話しているあいだに別の色に変わるだろうか？　最初は青だったのに、タッチポイントの途中で黄に変わったら、あなたは相手の助けになっていないということだ。逆に、肩を落としてやってきた相手が弾むような足取りで去って行ったなら、適切な対処をしたといえる。

ステップ2――テーマの大枠をつかむ

よくありそうな状況をひとつ紹介したい。あなたが出席している会議で意見はしきりに飛び交うが、何も決まらない。すると一人が「三つの話が進行しているようですね」と言い、それまでの議論をわずか数行で要約し、「このとおりでよろしいでしょうか?」「何か洩れている点はありますか?」と言い添える。

この人物は地位や肩書きが何であれ、タッチポイントの三角形のステップ1を鮮やかにこなしている。人々の話をじっくり聞いて、何を言おうとしているのか、その本質を抜き出したのだ。出席者はおそらく胸をなで下しただろう。意見が一致し、「一定の成果があった」と思えたのである。

ステップ2に進む前に、ひと呼吸置いてこれまでに聞いた中身をまとめ、正しく要約できているか確かめよう。それができたら、テーマの大枠をつかみ、タッチポイントに居合わせる人々がテーマについて明快に考えられるよう、手助けをする準備ができたといえる。これを見事に成し遂げれば、相手は他の人々に説得力を持ってはっきりとテーマを説明できるだろう。

　とあるフォーチュン500企業の海外担当副社長ラリーも、消費者知見《インサイト》グループの責任者チャックとの短い会話のなかで相手のテーマ理解を助けた。チャックは、アナリストとの会合で使うプレゼン資料のとりまとめを助ける使命を帯びていた。「とても大がかりで重要なプレゼンでした」とラリー。「わたしのオフィスにやってきたラリーから、『どこから手をつければよいでしょう？』と相談されました。わたしの考えでは、彼は『誠実』と『希望』の二つに焦点を合わせる必要がありました」

　ラリーはチャックに、会社が成果をあげた点については包み隠さず述べればよい、うまくいかなかった点についても率直に明かすのだ、と告げた。「アナリストが知りたいのは『業績目標は達成できるのか？』だ。彼らの関心を逸らさないように話を持っていこう。『問題もあるにはありますが、以下のような対策を取っています』などとね」

　ラリーが誠実と希望という二語を軸にプレゼンの大枠を示すと、チャックは残りの作業を進める準備ができた。次に何をすればよいかがわかったのだ。その後はどうしたのだろう？　ラリーが言う。「チャックにその後の様子を根掘り葉掘り尋ねるつもりはありません。そんなことをすれば、わたしが主導権をとるように見えますからね。ただし、たまたま顔を合わせたら、どうなったか聞いてみますよ」。ラリーが示した誠実と希望という二語により、チャックはテーマを明確に理解した。聞いた中身の大枠をどうつかむかは、相手がチャックのように明確化を要するのか、あるいは自信や献身を要するのかによっても決まる。

もし相手が明確化を必要としているなら、あなたも腕まくりをして、彼らとともにデータの山に埋もれなくてはならないかもしれない。競争の状況や動向を誰もがもっと注視すべきであり、相手もそれを理解するためにいくらかの背景知識が必要なのかもしれない。あるいは、自分の仕事が会社の最優先課題にどう貢献するのかについての理解、つまり、戦略の明快な理解が求められている場合もあるだろう。時には、自分の業務分野に特有のモデル、たとえばファイナンスの数式、マーケティングのマトリクス、作業のフローチャートなどを持ち出さなくてはならない。肝心なのは、みんながものごとをはっきり見とおせるよう、必要なものをすべて提供することだ。

選択肢が多すぎるせいで、テーマに集中できない場合もある。あれこれ迷い、さらに別の選択肢があればそれも検討する、という具合である。このような例では、選択肢をふるいにかける助けをすることが求められる。たとえばこんな会話になるのではないか。「すると、選択肢はAかBどちらかで間違いないだろうか？」「どちらが最善だと思うか？」「よし、Aが最善の選択なら、そのなかで今度は一、二、三、三つのなかからひとつを選べばよいわけだな？」「どれがよいと思うか？」「二番目？　賛成だ。二番目で合意したということは、次のステップは何だろう?」

テーマが自信や献身に関わっているなら、みんなが何をしたいと考えているか、何を得意としているかを考えてみよう。彼らの情熱（原動力）とプロジェクトの目的とをつなごう。なぜ自分の強みがその仕事に特別に適しているのかを理解できるよう、相手を手助けしよう。相手が疲れていたら、一緒に散歩をしたり、その日は仕事を早く切り上げて休むよう伝えたりしよう。途方に暮れた相手には、問題の輪郭をつかむか、扱いやすいように切り分けるか、どちらかの手助けをするとよい。のんきに構えているようなら、どれだけ大変な状況かを話して聞かせ、大急ぎで対処する必要があると念を押そう。どのような場合にも、ハートで語りかけるのが望ましい。相手の貢献が大切な理由を知らせ、信頼を伝えよう。

ステップ３――課題を前へ進める

誰かが何らかのテーマを携えてあなたのもとへ来るときは、仕事を前に進めたいと思っているのだということを、頭に入れておこう。何が求められているかがわかったら、課題を前へ進めるためにその時点で打てる手を打つことだ。判断を下す手助けをするか、あるいは自分で決断する必要があるなら、そうしよう。相手を誰かに紹介すべきなら、そのために電話をかけるかインスタント・メッセージを送ろう。行動重視の姿勢を示すのだ。

意思決定をめぐっては、判断を誤るのを恐れる人が多いという問題がある。その場合は、手をこまぬくリスクを相手に思い起こさせよう。常に完璧な判断をする人などいないとはっきり告げよう。そんなことはありえないのだ。できるのは、入手した情報を検討し、可能なかぎり望ましい判断をして、前進することだけである。

大手企業のグローバルITサービス部門を率いるドリーンは、こんな見方をした。「すみやかに動いて、一〇回中八回か九回の割合で判断が当たれば、非常な好成績といえますね。もし判断を誤ったら、やりなおせばよいでしょう」。完璧を目指して手足が縛られるのを避ければ、思い切ってすみやかに動ける。ドリーンもこう述べている。「わたしも時々間違ってしまいますが、その場合には、軌道修正をするはずです」

ただし、行動を重んじるといっても、思いつきで判断してよいわけではない。行動が深刻な結果を招くおそれがあるなら、何もしないよりも行動したほうがリスクが大きいかもしれない。事実、重要なテーマに関しては、一度の会議で最終決定がなされることは稀である。むしろ、タッチポイントを丹念に積み重ねながら少しずつ前へ進んでいくのだ。

世界的な経営コンサルティング企業のスペシャリスト、サミア（仮名）が、ジャスティンとの三カ月間におよぶ仕事の関係に終止符を打った例を紹介したい。ジャスティンの業務成績をめぐっては何度もミーティングを重ねており、最終回はことのほか重苦しいものだった。最近の査定によれば、ジャスティンはいまだに標準レベルに達していなかったからである。

サミアはジャスティンと向き合い、状況の大枠を伝えた。「君は会社に貸しがあると思っているだろう。今の仕事への配転は会社からの要望によるものだからね。だが、実のところ、成果はあがっていない。会社は判断を誤ったのだ。そういうわけで、選択肢は二つある。君は以前の業務で高い成果をあげていたから、そこに戻るのがひとつ。もうひとつは、わたしたちの後押しのもと、社外で仕事を見つけるというものだ」

ジャスティンはもう一度チャンスを与えられるべきだと訴えたが、三カ月間におよぶ評価が最後の機会だった。サミアはこう告げた。「このポストに異動してもらったが、成果はあがらなかった。どうすれば心を決めてもらえるだろうか?」

困ったことに多くのリーダーは、一度のやりとりにあれもこれも詰め込もうとする。それよりも、一部を次回以降に回してはどうだろう。第1章で紹介したように、キャンベルでは本社の鉄条網を撤去したが、このような重要な判断は、アイデアが持ち上がった後、何十回もタッチポイントを積み重ねて様子を見てから初めて実行に移されるかもしれない。

割り込みの多い今の時代、短いやりとりを次々とこなして仕事を済ませなくてはならないため、テーマを十分に掘り下げずに終わるおそれがある。このため、チーム全員、あるいは個々のメンバーのためにそれぞれ相応の時間を空けておくようにしよう。その時間を使って幅広く徹底的にテーマを検討して、以後の展開に備えるのだ。

フォローアップ――「どうなりましたか?」

フォローアップも、相手の話をじっと聞く、テーマの大枠をつかむ、課題を前へ進める助けをする、の三つがどれだけうまくできているかを知るのに役立つ。たとえば、結果がよければ、これらがうまくできた証だが、結果が思わしくないなら、テーマだと思っていたものは、実は別の何かの症状だったのかもしれない。あるいは、考え方は明快だったが、前へ進むための方法に誤りがあったおそれもある。

フォローアップは、判断が適切に実行されているかどうか、どれくらい効果があがっているか、などを知る手がかりにもなる。残念ながら、リーダーはたいてい多忙をきわめているため、タッチポイントが終わるとすぐに次の用件に移り、タッチポイントの内容に立ち返るのは手が空いたときだけである。しかし、問題が持ち上がる前に思い出したほうがよい。このため、次の手順が決まってタッチポイントが終了したら、後々のためにメモをしておこう。自分のテーマについてはきちんと書くべきだが、相手のテーマについてはかしこまらなくてよい。これは点検ではなく記録であり、あなたの気遣いを目に見えた形で示すものなのだから。

テーマが自分ではなく相手のものである場合、フォローアップをすると、自信をつけさせたり、感謝の気持ちを伝えたりする機会にもなる。具体的には、誰かのオフィスに立ち寄ったり、メモを渡したりして、以下のように伝えてはどうだろう。「さっきのテーマを提起してくれて本当に嬉しい。あのような情報があると、来年の優先順位を決めるのにとても役立つ」「あのテーマに注意を向けさせてくれてありがとう。先手を打てば、不意に悪い知らせに見舞われずにすむはずだ」

効果的なタッチポイントの四つのA

タッチポイントでの触れ合いは、ただ工場案内をしたり、プレゼンテーション技術を指導したりするのとはわけが違う。相手と本当の絆を結び、可能性に立ち会い、課題を前に進め、業績を向上させるということだ。神経を研ぎ澄まして（alert）、豊かな（abundant）、本物の（authentic）、順応性がある（adaptable）、という条件を満たしながら相手と関わ

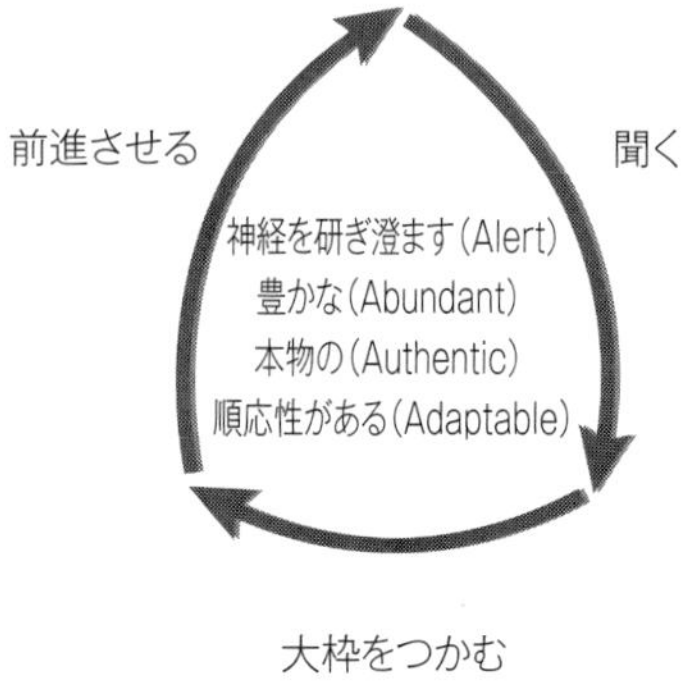

効果的なタッチポイントの４つのA

るのである。

ピアニストのリチャード・グードが上級特別クラスを指導する際には、これら四つの条件が揃っているため、指導の様子を観察すると大いに刺激になる。グードは音楽に対して溢れんほどの愛情を抱いている（本物なのだ）。毎回のレッスンでは、まず生徒が練習してきた曲、たとえばモーツァルトのピアノソナタを弾いてみせる。グードはそれを、一瞬たりとも聞き逃すまいと真剣に聞き入る（神経を研ぎ澄ます）。そして生徒が弾き終えると、グードは微笑みながら、技術や解釈のどこが素晴らしかったかを語る。

高く評価した点について語り終えると、一部の楽節については自分だったら別の手法を取ると言って理由を述べる。その曲の興味深い山場を指摘して、自分だったらどうさばくかを説明する（豊かな）。生徒の理解を助けるために、話す、音を出す、ハミングする、ピアノを弾く、生徒に弾かせるといった手法を活かす（順応性がある）。グードは生徒の力になろうとして指導に熱を込めるため、相手もそれに応える。レッスンを見学していると、生徒たちが成長する姿を文字どおり目の当たりにできるのだ。

毎日少なくとも五つくらいのタッチポイントにこれと同じ姿勢で臨んだら、どれだけの成果があがるか、想像してほしい。以下で四つのAをそれぞれ説明するので、それを読みながら、どう実践すればよいかを考えるとよい。

神経を研ぎ澄ますこと

神経を研ぎ澄ますとは、状況を察知する大いなる力を磨くことを意味する。リチャード・グードは、生徒の演奏に神経を研ぎ澄ましたばかりか、見学者や聴衆の前で指導を受けるのが相手にとってどれほど大変かを、鋭敏に感じ取っていた。リーダーであるあなたも神経を研ぎ澄ませば、真のテーマを見抜く術に秀でることができる。注意を逸らさずにいれば、誰かの理屈の欠けた点や、実情を知るヒントとなる情報が見つかるはずだ。

コナンは大学院の学資の足しにとテニスのコーチをしていたときに、状況を見抜く力を磨いた。「並大抵ではない集中力が求められました。時間があるときは、日に二〇人もに個人レッスンを行ないました。生徒は筋骨隆々の男性、六歳児、キャリアウーマン、おじいちゃん、おばあちゃんなどまちまちです。次々とレッスンをこなしながら、相手が何を学びたいと考えているのか、何ができるのかに、とことん注意を払わなくてはいけませんでした。それに、『また受けたい』と思ってもらえるように、楽しいレッスンにする必要もあったのです」

豊かな発想をすること

豊かな発想をするには、「今期の目標を達成するか、長期に業務を遂行するための能力を培うか、どちらかだ」といったせせこましい発想を捨てて、「今回と次回、どちらも仕事を成し遂げる」ための方法を探そう。「厳しいか優しいか、一方にしかなれない」ではなく、「要求水準は厳しく、しかも人には愛情をたっぷり注ごう」と考えよう。

第2章で紹介した、カナダ連邦警察（RCMP）のウォード・クラパム署長を覚えているだろうか？　彼はいつでも「準備と修復」を意識し、一〇代の非行を防ぐことに多大な情熱を傾けている。困ったことにたいていの警官にとっては、一〇代との触れ合いといえば非行が発覚した場合にかぎられたため、相手とつながりを築くのが難しかった。

クラパムは、子供の善行を見つけて「ご褒美チケット」を渡すという施策を思いついた。一年間に配ったご褒美チケットは、非行件数の三倍に当たる四万枚に達した。これを始めとして、若者を対象とした非行・犯罪予防策をいくつか実施したところ、若者がらみの通報件数は半分近くに減った。非行を心配された若者一〇〇〇人以上が、道を踏み外さずにすんだのだ。

本物であること

第1章で取り上げたイノベーション・チーム・リーダーのリサは、こう語っている。

「リーダーとして仕事をするのと、リーダーであることの真の意味を受け止めるのとは違います。型にはまるのではなく、自分のベストを尽くせばよいと気づいたら、信じられないほどの解放感が得られました」。彼女はリーダーの役割に慣れると、自分の強みだけでなく弱みもまわりにさらすようになった。「大きな努力を要しましたが、心を開くと、良好な人間関係を築けるようになりました。自分をさらけ出したら、まわりからとても評価されたのです。ある人は、『あなたの本当の意図がわかりました』と言ってくれました」

本物であるとは、リーダー役を仕事として引き受けるだけでなく、この役割に情熱を傾けるということだ。好きであれば、多くの時間を費やしてそれについて考え、とても高いレベルに到達するだろう。するといっそう好きになる。リーダーシップへの情熱をまわりに伝えれば、まわりの人々もリーダーシップの発揮を望むだろう。ただし、本物であるためにはある程度の権限が欠かせない。なぜなら、権限があるからこそきわめて明快な掟に従い、どのタッチポイントにも一貫したわかりやすい姿勢で臨めるのだ。

自分の掟をはっきり意識すると、勇気が湧いてくる場合が多い。第1章で紹介した新任副社長のナンシーは「正しいと思うことのために立ち上がらなくてはいけないでしょう」と語る。以前は、たとえ自分の解決策が最善だと確信していても、反対に遭うと口をつぐんでいた。「今では信念のために立ち上がります。といっても、緊張や不安があまりに高まっているときは、無理はしません。しばらく様子を見てから、別のやり方をします。ですが、諦めずに粘りますよ」

順応性があること

順応性があると幅広い技能を伸ばし、その時々で柔軟な対処がしやすくなる。今の状況では、指示を与える（「わたしの言うとおりにしなさい」）、意見を求める（「どう思いますか？」）、相手を元気づける（「わたしたちは世界を変えている」）のどれが求められるか？　みんなを駆り立てるのと、忍耐強さを発揮するのと、どちらが必要だろうか？　強さを誇示するか、それとも弱さをさらけ出すか？　前に進み出て指揮をとるか、それとも一歩引いて誰かにリーダーシップを発揮させるか？　どうするにせよ、肝心なのは巧みに実行することだ。

医療認証評価の専門家であるリタは、順応性の高さにかけて手本となる存在である。今の仕事で彼女は、正式な権限なしに結果を出さなくてはならない。これまで経験したなかでもとりわけ厄介なタッチポイントが思い起こされるという。八人の医師とともに、共通の価値基準を設けてそれを守らなくてはならなかった時のことだ。会議に先立って、何人かのメンバーから電話があり、「判断を取り仕切る人はいるだろうか」という不安を伝えられた。

リタはこう振り返る。「最初はピリピリした雰囲気でした。わたしは、会議を成果につなげるために、自分の能力のかぎりを尽くさなくてはならなかったのです」。彼女はユーモアを交えながら明快に話を進め、他の出席者たちの顔を立て、的確な問いかけをし、アイデアを出した。

会議はとても円滑に進んで大きな成果があがったため、終了後、医師たちは見るからに意気揚々と引き上げていった。そのうちの一人は、出席者をまとめあげるのがどれほど大変だったかに気づき、「あなたは外交官に向いているのでは」と声をかけてくれた。

明日、もっと進歩するには？

前出のラリーが語る。「うまく行ったことよりも、うまく行かなかった経験からのほうが、遙かに学ぶ点は多いですね。何かがうまく行かないと、そのたびにわたしは真っ先に『この教訓は何だろう？』と言います。最優先すべきは失敗から学び、できれば、同じ失敗を二度としないようにすることでしょう」

誰かと前向きに触れ合えたときは、そうとわかるものだ。相手が少しばかり穏やかな表情になり、自信を深め、前進への誓いを強めるからである。さらに好ましい点として、次に誰かと接する際にも熱意を注ぎ、組織のシナプスを活性化させる。

逆に、タッチポイントを台無しにしてしまった場合も、そうとわかるものだ。小さなことかもしれないが、靴に小石が入ったときのように癇にさわるものである。電話会議が始まってすぐ、挨拶を交わしている際に割り込みが入った、といった些細なことの場合もあるだろう。その瞬間に、タイミングを逃したと気づく。あと一、二分、雑談を続けていたなら、自然な流れで本題に入っていけただろう。

ただし、もっと重大なところで躓く場合もある。コナンは何年か前、経営幹部に退社を迫った際にこれを経験した。そのときは、いくつものもっともな理由により、「本人に事前に知らせるべきではない」と助言されていた。しかし後から、相手を蚊帳の外に置き、思いやりや尊敬を十分に示さなかったと後悔した。「最初から最後まで葛藤続きでした。今から振り返ると、相手と対話を重ねて、締めくくりの話し合いへとつなげるべきでした。もっとずっと胸襟を開いて、思慮深くことを進められたはずですよね」

やり直しは効かなかったが、これを教訓にして次回は格段によい対応ができた。困難な状況に対処する際、コナンは今でも周囲から助言を受けているが、最終的によりどころとするのは自分の判断である。

誰でもしくじることはあるのだから、その際には、すぐに軌道修正するのが肝心である。第5章のエドとキャロルの逸話を覚えているだろうか？　エドは、キャロルが会社の成長プランをなかなか作成しないため苛立ちをあらわにしてしまったが、すぐに謝り、対応を改めると約束した。興味深いことに、こうした出来事をきっかけにかえって絆が深まる場合が多い。エドとキャロルもそうだった。たとえ味噌をつけても、向上に向けてできるかぎりの努力をすれば、相手は許してくれるものだ。

本気で進歩したいなら、毎日の終わりにタッチポイントの「自己分析」をするとよい。その日に得た何十ものつながりを振り返ろう。「何がうまくいき、何がうまくいかなかったか？　どうすれば改善できるか？」と自問するのである。

　ＣＥＯインスティチュートの参加者はみな、独自のやり方でこれを実践している。一例としてある人は、退社前の一時間を必ず空けておき、振り返りに充てている。別の人は、帰宅時の車内で電話やラジオの電源を切り、心のなかでその日の出来事を思い起こす。夜、犬の散歩をしながら昼間のタッチポイントについて考える、という人もいる。

　これらは、毎日少しずつ進歩して、「失敗した」に対する「うまくいった！」の比率を高めるための習慣である。経験を積むだけでなく、さらに重要な、経験から学ぶということでもある。タッチポイントの成り行きが好ましくなかったら、なぜだろうと自問しよう。あなたのリーダーシップ・モデルが期待どおりの成果をあげていないのか？　相手の発言のせいで身構えてしまったのか？　技能が不十分なのか？　もし躓いたら、何より効果的なのは失敗を認め、進歩を誓い、後始末をきちんとすることだ。「申し訳ない。失敗をしてしまった。改めて連絡する」と伝えて、この約束を果たすのである！

　成功と失敗について考えながら、ひらめいた中身をリーダーシップ日誌に書きとめていくのは妙案だ。こうすると、教訓をそのつど振り返って傾向をつかめるだろう。実のところ、たいていのリーダーは同じ問題で繰り返し苦労しており、この傾向から抜け出すには計画的な努力が欠かせない。問題点を文書で読むと、対処法を見つけるのに有用である。

探求、振り返り、練習を積み重ねていくと、リーダーとしての能力をいっそう磨くのに役立つ。学ぶべき点は決して尽きないだろう。一例として、ひとたびタッチポイントの技能をきわめたら、安定して成果をあげるのが次の課題となる。成果にムラがなくなったら、まわりのリーダーを育成して能力を高めるのが、その次の課題になる。

まとめ

ビジョンや戦略は約束にすぎない。リーダーの仕事は約束を形にして、現場での成果へつなげることだ。しかし、抽象的なコンセプトをどう実地に根づかせるのか？　無味乾燥な箇条書きにどう生気を吹き込むのか？　これをタッチポイントごとに実行するのである。

第2章で紹介したアイリーンは、ヘリコプターから「戦略を展開しよう！　あの標的を狙え！」などと叫ぶわけにはいかないと言う。「リーダーシップはガーデニングと同じです。水や肥料をやるなどの手入れを、毎日欠かさず実行する必要があります。雑草を抜いたり刈ったりするのも欠かせません。庭を放っておくと、目も当てられない状態になりますからね」。人材を育てて成果を押し上げるには、厳しさと優しさの両方が求められる。

勤務日は、予定していた会議と突発的な会議、長いメールと短いメッセージ、テレビ会議と大きなイベントなどが目白押しのはずだ。タッチポイントごとに、心と心を通わせ、努力の足並みを揃えよう。反論に耳を傾け、解決策を探ろう。早めに到着して問題に早く対処し、みんなにアイスクリームをおごろう。全員が以前の行動をやめて新しい行動を取り入れるまで、熱意を絶やさずにいよう。

来る日も来る日も、あなたは誰かの助けになれる方法を探す。数十億ドル規模の事業部を任された副社長のアンドリューは、難しさをこう語る。「わたしは、自分がもともと得意な分野でみんなを助けたいと思います。概念的思考や問題解決などですね。やる気を引き出すリーダーシップはハードルが高いのですが、相手を助けるだけでなく、やる気を引き出す必要もあります。毎日、信頼を培い、楽観的な雰囲気を生み出さなくてはいけません。『この人についていきたい』と思われる必要があるのです」

アンドリューは、他人を鼓舞する大切さを忘れないように、オフィスのホワイトボードに書き出して座右の銘にしている。「毎日コーチングを実践する。相手の目的を理解する。今日はどう役に立てるだろう? 何が望ましい成果か?」。この手法の恩恵により、高い成果をあげてきた。「お陰で私自身とても助かりました。父親としても進歩したほどですよ」

リーダーシップ関連の文献は、人格形成に大きな役割を果たす試練にたくさんの紙幅を割いている。だが、あなたの評判を決定づけるのは、数え切れないほどの何気ない日常的な瞬間である。それらにうまく対応するには、まずは「どうすれば力になれますか？」というシンプルな問いから始めよう。

終わりに

リーダーシップはひと筋縄ではいかない。重圧は高まり、複雑さは増し、要求はとどまらず、たとえ週七日、一日二四時間働いたとしても、決してすべてはこなせないだろう。そういうものだ。

しかし、右肩上がりの成果をあげるのがいかに難しいとしても、いつの日も楽観的な気持ちを失わず、自力で何とかできそうな分野に熱意や努力を傾けることはできるはずだ。頭が明晰で心が澄んでいれば、事業にとって本質的なテーマや原則に関わるテーマにいつも注意を払っていられる。あなたが際立って有能なら、他の人々の熱意を引き出し、献身の度合いや自信を強められる。

これは今日にでも始められる。タッチポイントの美点は、親しみやすいと同時に向上心を刺激することだ。すべての瞬間が進歩を目指す機会ではあるが、進歩を果たすのは容易ではないだろう。なぜなら進歩は目的ではなく旅なのだ。タッチポイントの瞬間によりよく役に立てるよう、明快さと能力を高めつづけていくという誓いなのである。

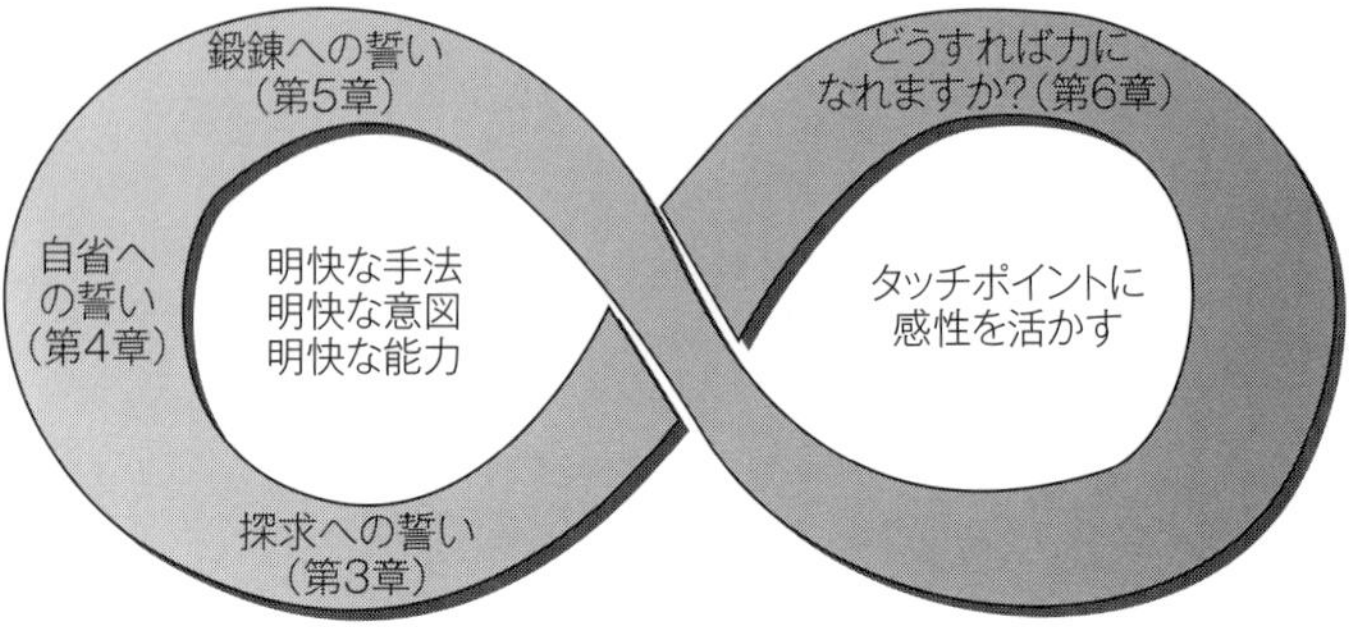

進歩への誓い

自力で何とかできることだけに情熱や注意を振り向けると、まわりから「あの人は目標を達成し、仕事の水準を引き上げ、予想を超える業績をあげる」と一目置かれ、リーダーとして頼りにされるだろう。評判が高まると、より大きな責任を与えられるだろう。すると、さらに深い探求、自省、鍛錬へと自分を駆り立てる必要が生じるはずだ。その過程では、割り込みだらけの時代に、賢明に、つまり、継続できるやり方で手際よくリーダーシップを発揮する能力を磨くことができる。

現実を見据えながら楽観的な姿勢でこの旅に出発するよう勧めたい。タッチポイントはすぐそこにある。うまく活用してほしい。

推薦文献

以下に挙げるのは、キャンベルのCEOインスティチュートの参加者に読むよう求めた文献である。コナンとノルガードのお気に入り書籍は、それぞれwww.conantleadership.comとwww.mettenorgaard.comで参照できる。

・Jim Collins, "Level 5 Leadership," *Harvard Business Review*, July-August 2005（ジム・コリンズ「レベル5リーダーシップ」DIAMONDハーバード・ビジネス・レビュー誌、二〇〇一年四月号所収）
・Geoffrey Colvin, Talent Is Overrated（Portfolio, 2008）
・Stephen R. Covey, The 7 Habits of Highly Effective People（Simon & Shuster, 1989）（スティーブン・R・コヴィー『7つの習慣』川西茂訳、キングベアー出版）
・Bill George, Authentic Leadership（Jossey-Bass, 2003）（ビル・ジョージ『ミッション・リーダーシップ』梅津祐良訳、生産性出版）

・Marshall Goldsmith, What Got You Here Won't Get You There（Hyperion, 2007）（マーシャル・ゴールドスミス『コーチングの神様が教える「できる人」の法則』斎藤聖美訳、日本経済新聞出版社）
・Jon R. Katzenbach, Teams at the Top（Harvard Business Press, 1998）
・Jim Loehr and Tony Schwartz, The Power of Full Management（Simon & Schuster, 2003）（ジム・レーヤー、トニー・シュワルツ『成功と幸せのための4つのエネルギー管理術―メンタル・タフネス』青島淑子訳、阪急コミュニケーションズ）
・Dan Roam, The Back of the Napkin（Portfolio, 2009）（ダン・ローム『描いて売り込め！　超ビジュアル・シンキング』小川敏子訳、講談社）
・Meg Wheatley and Myron Kellner-Rogers, A Simpler Way（Berrett-Koehler, 1996）

謝辞

本書を世に出すうえで手助けをしてくれたジョシー＝バス社の友人たちに感謝したい。とりわけ、プロジェクトを完了まで導いてくれたスーザン・ウィリアムズとバイロン・シュナイダー、推薦文を寄せてくださったウォレン・ベニスに謝意を示す。じっくり考えながら規律正しく最終稿を仕上げてくれたジャニス・チャンの仕事ぶりに感嘆している。筆者たちのアイデアの「要」を見つける助けをしてくれたジョン・フーヴァーと、ジョシー＝バスを紹介してくれたビル・ジョージにも感謝の言葉を贈りたい。

キャンベルスープのCEOインスティチュートのスタッフと参加者からは、考えをまとめるうえで過去五年にわたって助力を得た。ここに記して謝意を示したい。リーダーとして精力的に学び成長する彼らの姿に接して、元気が湧くと同時に頭が下がる思いだった。なかでも、CEOインスティチュートの大きな可能性を気づかせてくれたナンシー・リアドン、メアリー・レモニス、エリザベス・ウォーカー、フラン・ブルーノに格別の感謝を。フランクリン・コヴィー社の友人たちは、何年も前にユタ州サンダンスでのリーダーシップ研修で筆者たちふたりを引き合わせてくれた。ここにお礼を述べたい。特に、スティーブン・R・コヴィー、スティーブン・M・R・コヴィー、グレッグ・リンク、クレイグ・ペース、故ブレイン・リーの長年にわたる励ましに感謝する。

ややや個人的な話になるが、ノルガードは顧客、わけてもこの本のために自分の過去の話や知見を紹介してくれたリーダーたちに謝意を述べたい。ノルガードは彼らの責任感、大志、挑戦に刺激されて、新しいよりよいリーダーシップ手法の探求に取り組んできた。早い段階の原稿について熟考したうえで意見を寄せてくれた友人たち、助言や支援を必要としたときにいつでも応じてくれた以下の友人たちに感謝する。エルゼ・レルスター、ローリー・ジュリアン、クレイグ・ペース、リタ・ペダーソン、ドルテ・ノルガード、アネット・スティーンバーグ・ウィリアムズ、オリ‐ペッカ・ハイノネン。

ノルガードは、友人で飛びきり素晴らしい文章の先生でもあるフレミング・フライボルムに深い恩義がある。彼の指導、知見、励ましは、たとえようもないほど貴重なものだ。そして何より、夫アルフレド・サンチェス・ゴメスに感謝している。この本を執筆していた何年ものあいだ、彼は常に変わらぬ支援を寄せてくれた。特に、数え切れないほどの会話をとおして考えのニュアンスを探ったり、論理的なつながりを確かなものにしたりする助けをしてくれた。そのうえ、何次にもおよぶ草稿を読み、句読点の打ち方を吟味し、タ食をつくってくれた。アルフレドは事業、学び、人生の真のパートナーである。

コナンからはまず、妻、生涯のパートナー、親友であるリーに「ありがとう」を。彼女のいつも変わらぬ愛情、助言、後押しは、コナンが夫、父親、友人、同僚、リーダーとしての旅をするうえでこのうえなく貴重なものである。息子のベンとタイラー、娘サラは、常に誇りとひらめきの源泉である。父ロジャーと母エルジーは、成長や向上のための素晴らしく充実した土台を築き、その土台は姻戚を含む数多くの親類縁者の手によって、休みなくよりいっそうの充実が図られてきた。友人であるブルース・リプスタイン、ジム・ミードの揺るぎない支援にとりわけ厚く感謝している。

コナンはこの三五年間、多数の企業リーダーから思考と人間としての成長の両面で影響を受けてきた。なかでも、長期にわたって仕えたジェームズ・キルツ、H・ジョン・グリーニアウス、ハーヴィー・ゴルブの三氏の影響が強い。これら各氏の卓越性を追求する厳しい姿勢と、心遣いに満ちた後押しから、大きな恩義を受けた。職場、市場、広く地域社会において、情熱や誠実さ溢れる感動的な姿勢で卓越性を追求した、キャンベルスープ・カンパニーの友人と同僚すべてに謝意を示したい。彼らは結束して、世界でも比類ない食品企業を築きはじめたのだと、わたしは考えている。

最後に、友人で相談相手《メンター》でもあった故ニール・マッケンナに深い感謝を捧げたい。彼の力添えは、自分自身の課題だけにとらわれず、より広い視野で「どうすれば力になれますか？」という言葉の本当の意味を探り当てるきっかけになった。

むすびに、このプロジェクトをとおして刺激に満ちた協働ができたことを祝いたい。

わたしたち二人は、リーダーシップや人間のあり方に常に変わらぬ関心を抱き、生き方の面でも共通の理念や原則を掲げているが、仕事の背景をなす人生経験は大きく異なる。ノルガードはデンマークの田園地帯で生まれ育ち、職業人生の大半を、引く手あまたのアイデアパーソン、コンサルタント、エグゼクティブ・コーチとしての仕事に捧げてきた。第三者の視点から、潜在力を十分に発揮できるよう組織を助けてきたのだ。コナンはシカゴ郊外で生まれ育ち、これまでの職業人生をとおして経営幹部の立場から、組織が潜在力を十分に発揮できるよう内部で支援してきた。

二人の視点がこのように異なるため、本書の執筆にあたっても、とても豊かで独自性の高い、きわめて洗練された方法によって思考が広がったと思う。筆者たちはこの違いを楽しみ、学びのプロセスを満喫した。みなさんにもぜひ本書を楽しんでいただきたい。

著者紹介

ダグラス・コナンは二〇〇一年にキャンベルスープの社長兼CEO（最高経営責任者）に就任し、同じ時期に取締役会にも名前を連ねた。一四一年の歴史を持つスープの代名詞キャンベルにとって、一一代目のリーダーである。

コナンの采配のもとキャンベルでは、急降下していた企業価値と従業員のやる気が回復してきた。並々ならぬ努力を払って製品と容器・包装を改善し、マーケティング施策の効果を高め、イノベーションを続々と生み出す頼もしい仕組みを設けている。そればかりか財務体質を強め、顧客とよりよい関係を築き、組織の充実に力を入れて従業員の仕事への意欲をたゆみなく高めている。

この六年というものキャンベルは、世界の食品業界でトップクラスの株主利益率を実現し、従業員の士気でも世界的に見てきわめて高い水準を達成している。こうして、「あらゆる国や地域の人々に栄養たっぷりのスープを毎日届け、世界一素晴らしい食品会社になる」という使命《ミッション》の実現に向けて大きく前進してきた。この前進は社会からも認められ、キャンベルは数々の賞に輝いている。たとえば二〇一〇年には、女性のキャリア開発・増進を後押ししたとしてカタリスト・アワードを受賞した。

コナンはキャンベルの経営を担う以前、世界の食品業界を代表する三社、ゼネラルミルズ、クラフトフーヅ、ナビスコで合計二五年におよぶ経験を積んでいた。社会人としての振り出しは一九七六年、ゼネラルミルズのマーケティング部門からである。一〇年後にクラフトへ転じてからは、マーケティングと戦略の幹部ポストを歴任した。やがて三五億ドルの年商を誇るナビスコの社長を務め、五年連続で二桁の増益を達成したのを花道にキャンベル入りした。

シカゴで生まれ育ち、ノースウェスタン大学で学士号を、同大学のＪ・Ｌ・ケロッグ経営大学院でＭＢＡ（経営学修士号）を得た。

二〇一一年七月にキャンベルの職を退き、現在はＣＥＣＰ（企業の社会貢献活動推進委員会）の会長、ロードアイランド州ニューポートにある国際テニス殿堂博物館の評議員を務める。以前はカンファレンスボードの会長兼評議員、ＧＭＡ（全米食品製造者協会）と非営利組織ＳＩＦＥ《サイフ》の会長兼理事の任にあった。カタリストの理事会メンバーでもある。

コナンをあなたの組織に招きたい、あるいは、タッチポイント手法の上達に役立つ情報を手に入れたいなら、www.conantleadership.comを訪問いただきたい。

メッテ・ノルガードは博士号とMBAを持ち、戦略分野のリーダーシップと学習の専門家である。企業の幹部やその配下のチームと力を合わせながら、戦略を推進するための処方箋を考えて実行に移す仕事をしているのだ。顧客はマイクロソフト、メトロ・インターナショナル、キャンベルスープ、パンドラ、フィンランド放送ほか多数にのぼる。スティーブン・コヴィー、ジム・コリンズ、ジョン・カッツェンバック、ロバート・ゴーフィー、マーガレット・ウィートリー、ラム・チャランといった思想家と経営者との対話を企画し、参加してきた。

基調プレゼンテーション、数日間のワークショップ、二年間の研修プログラムなど、多彩なサービスを提供している。顧客から要望の多いテーマは、将来を期待できそうなリーダーの育成、従業員のやる気や主体性の向上、経営チームの活性化などだ。より具体的に述べるなら、新社長体制への移行、新興企業に特有の気質からプロフェッショナル集団にふさわしい社風への脱皮、二つの経営チームの統合などである。

経営チーム向けに提案した解決策のなかには、四半期ごとの会合を柱に据えたものもある。経営幹部を対象に、直近三カ月間の業績を振り返り、次の四半期に向けて改善を誓う場を設けるのだ。会社を離れて合宿をしながら、知恵、ハート、技能など何かひとつに特化して研修や話し合いをする例もある。かけがえのないリーダーシップ体験をお膳立てすることもあり、最近では一年間のリーダーシップ研修旅行を実施した。タイでは内省を、南アフリカではリーダーシップ養成を目的とした探検と自然界の効率についての調査を、ニューヨーク市ではさまざまな文化やアイデアの衝突を、経営チームに体験してもらった。

一人ひとりのリーダーに向けても、対話をとおしてその人らしいリーダーシップを伸ばす手伝いをしてきた。ニューヨーク市を〝実習〟の場として、一対一のコーチングを行なうのである。

独立する前の一〇年間はフランクリン・コヴィー社に勤務し、コヴィー・リーダーシップ・ウィークという、経営幹部向けにユタ州サンダンスで行なう合宿形式の研修コースのディレクターを務めていた。このコースには世界各地から、プロクター・アンド・ギャンブル（P&G）、ジョンソン・エンド・ジョンソン、GEキャピタル、エスティローダー、ハーレーダビッドソン、ハードロック・カフェ、アメリカ海兵隊、カナダ連邦警察（RCMP）などの在籍者が集まってきた。ノルガードはまた、少数精鋭のコンサルタント・グループの一員として、フォーチュン500社やアメリカ政府を大がかりな変革へと導いた実績を持つ。

前著『不思議なほどうまくいく人（原題：The Ugly Duckling Goes to Work）』（三笠

書房）は世界的なベストセラーとなり、八カ国語に翻訳されている。

デンマーク生まれのノルガードは現在、夫とともにニューヨーク市で暮らしている。

ご自身の組織の戦略を推進するために、リーダーシップを培い学習法を編み出したい方は、www.mettenorgaad.comを訪問いただきたい。

訳者あとがき

「絶え間なく割り込みが入る状態では疲れませんか？」
「わたしは、割り込みとは考えていません。誰かと触れ合って状況を改善するチャンスなのです」

これは本書が生まれるきっかけともなった、筆者どうしの会話である。メッテ・ノルガードの問いかけへのダグラス・コナンの返事は、リーダーの本当の仕事とは何かを知る人ならではの言葉だろう。

コナンは、業務のなかで生じる予期しない割り込みや一つひとつのやりとりを貴重な触れ合いの機会に変えて、わずかな瞬間でリーダーシップを発揮し、相手の抱える問題を解決し、自分の仕事も片づけてしまう達人なのである。

ただでさえ会議や約束が多いのに、メールや電話が容赦なく押し寄せ、そのあいだにも急ぎの要件が飛び込んでくる……。そんな〝割り込みだらけ〟の状態が当たり前の今、

「リーダーシップをうまく発揮しようにも、そのための時間などない」と頭を抱える人も少なくなさそうだ。だが、本書の手法に従えば、そのための時間をあえてつくる必要はなくなる。だから、悩みがすっきり解決するばかりか、「仕事の邪魔」と受け止めがちな割り込みが逆にチャンスに変わるのである。

「そんなにうまくいくのだろうか」と思われるかもしれないが、この《タッチポイント流リーダーシップ》（タッチポイントは人との接点や触れ合いを意味する）は実績に裏打ちされている。コナン自身もキャンベルスープのCEO（最高経営責任者）だった当時この手法を実践し、低迷していた業績を回復へと導いたほか、社内のリーダー向け能力育成コースでも取り入れている。

とはいっても、いつ、どんな割り込みが起きるかわからないのに、どうやって対処すればよいのか？　本書はその秘訣を、実際のエピソードを交えながら一から一〇までわかりやすく説明している。相手の話をよく聞いて何が問題なのかをつかむには、どうすればよいのか。問題の解決に向けて、誰が何をすべきかを瞬時に判断するには。自分の意図を相手に効果的に伝えるには。時間をうまく使うには。集中力を高めるには。ストレスを和らげるには。相手を励まし、やる気を引き出すには……。

そう、ここにはコミュニケーション術、時間管理法、優先順位づけなど、仕事をするうえで必要なスキルが網羅されている。個々のスキルについてはすでによくご存じかもしれない。しかし、本書が説くのは、それらを瞬時の判断で絶妙に組み合わせて鮮やかにタッチポイントをさばく秘訣である。この奥深い技能を身につけるには、基本を日々実践してひたすら鍛錬を積み重ねていく必要があるという。

その一方、わずかな瞬間で相手の抱える問題を解決するには、自分より相手を大切にし、相手の話を頭だけでなくハートで聞く必要があるため、この手法は温かさや人間味に溢れてもいる。

以上からお気づきかもしれないが、このリーダーシップ手法はアメリカ発ではありながら、勤勉さを持ち味とし人の和を大切にする日本人に馴染みやすいだろう。何より、ここで理想とされるのは、優しさと厳しさを併せ持ったリーダー像。冷徹に人員を削減する効率一本槍のコストカッターとは一八〇度異なり、親近感が湧いてくる。

読者のみなさんにも、筆者たちの優しさと厳しさを感じながら、「リーダーの本当の仕事とは何か」という、単純そうでいて実は奥深いテーマについて、いくつもの発見をしていただければ幸いである。

二〇一二年六月　　　有賀裕子

［訳者］

有賀裕子（あるが ゆうこ）

東京大学法学部卒業。ロンドン・ビジネススクール経営学修士（MBA）。通信会社勤務を経て翻訳に携わる。主な訳書に『社会起業家になりたいと思ったら読む本』（ダイヤモンド社）、『スタートアップ！』（日経ＢＰ社）、『つながらない生活』（プレジデント社）、『ハーバード流ボス養成講座』（日本経済新聞出版社）ほか。

リーダーの本当の仕事とは何か

――わずかな瞬間で相手の抱える問題を解決する3つのステップ

2012年6月28日　第1刷発行

著　者――ダグラス・コナン、メッテ・ノルガード

訳　者――有賀裕子

発行所――ダイヤモンド社

〒150-8409　東京都渋谷区神宮前6-12-17

http://www.diamond.co.jp/

電話／03･5778･7232（編集）　03･5778･7240（販売）

装丁――――重原隆

製作進行――ダイヤモンド・グラフィック社

DTP　――インタラクティブ

印刷――――堀内印刷所（本文）・慶昌堂印刷（カバー）

製本――――本間製本

編集担当――中嶋秀喜

ISBN 978-4-478-01674-9